Mit Markus den Glauben feiern

Bibelgespräch und Gottesdienstgestaltung

Anregungen für die Vorbereitung von Familiengottesdiensten

Herausgegeben vom Bistum Essen

Verlag Katholisches Bibelwerk, Stuttgart

Vorwort

Mitarbeiterinnen und Mitarbeiter von Liturgiekreisen, die regelmäßig Kinder- und Familiengottesdienste vorbereiten, brauchen leicht verständliche Basisinformationen und fundierte Praxishilfen für die „normalen" Sonntage im Jahreskreis. Diesem Ziel dient die vorliegende Handreichung, die jeweils von den Schrifttexten des Sonntags ausgeht. Auf diese Weise können zugleich wichtige Anliegen des Bibeljahres aufgegriffen und umgesetzt werden.

„Mit Markus den Glauben feiern" ist der zweite Band einer Reihe, die im Bistum Essen erstellt und erprobt wurde. Der Titel dieser Reihe ist dabei Programm: Es geht um die eigene Prägung des Lesejahres B durch den Evangelisten Markus und um die Feier des Gottesdienstes mit Familien an den Sonntagen im Jahreskreis (außerhalb der großen Festzeiten). Nach einer kurzen Einführung in die Besonderheiten des Evangelisten werden die Schrifttexte des Sonntags, vorrangig die Evangelientexte, Vers für Vers erschlossen und durch Gesprächsanregungen für die Vorbereitungsgruppe ergänzt. In der „Fundgrube" wurden Ideen und Hinweise zu praktischen Materialien für die Gottesdienstgestaltung zusammengestellt, die eine Umsetzung erheblich erleichtern.

Der Arbeitsgruppe aus dem diözesanen Arbeitskreis „Kinder-, familien- und jugendgemäße Liturgie" danke ich für das Zustandekommen und die Überarbeitung dieser Arbeitshilfe.

Gerne überlasse ich den Liturgieteams diese Materialien in der Hoffnung, dass sie ihnen Mut machen, die Bibeltexte der Sonntage als anregende Quelle für das Gespräch und die sich daraus ergebende Gestaltung des Gottesdienstes zu nutzen. Allen, die sich dabei engagieren, wünsche ich viel Freude bei der Vorbereitung und Feier des Glaubens.

Heinrich Heming
Leiter des Seelsorgeamtes

Essen, im Juli 2002

Inhaltsverzeichnis

Was Sie wissen sollten — Seite 4
Fragen rund um das Markusevangelium — 5
Bibelgespräch bei der Gottesdienstvorbereitung — 9
Zur Leseordnung der Sonntage — 11
Anregungen zu den Sonntagen im Jahreskreis B — 13

- Taufe des Herrn (1. Sonntag im Jahreskreis): Mk 1,7-11 13
- 3. Sonntag im Jahreskreis: Mk 1,14-20 16
- 4. Sonntag im Jahreskreis: Mk 1,21-28 19
- 5. Sonntag im Jahreskreis: Mk 1,29-39 22
- 6. Sonntag im Jahreskreis: Mk 1,40-45 25
- 7. Sonntag im Jahreskreis: Mk 2,1-12 28
- 8. Sonntag im Jahreskreis: Mk 2,18-22 32
- 9. Sonntag im Jahreskreis: Mk 2,23 - 3,6 35
- 10. Sonntag im Jahreskreis: Mk 3,20-35 39
- 11. Sonntag im Jahreskreis: Mk 4,26-34 43
- 12. Sonntag im Jahreskreis: Mk 4,35-41 45
- 13. Sonntag im Jahreskreis: Mk 5,21-43 47
- 14. Sonntag im Jahreskreis: Mk 6,1b-6 51
- 15. Sonntag im Jahreskreis: Mk 6,7-13 53
- 16. Sonntag im Jahreskreis: Mk 6,30-34 55
- 22. Sonntag im Jahreskreis: Mk 7,1-8.14-15.21-23 57
- 23. Sonntag im Jahreskreis: Mk 7,31-37 60
- 24. Sonntag im Jahreskreis: Mk 8,27-35 63
- 25. Sonntag im Jahreskreis: Mk 9,30-37 67
- 26. Sonntag im Jahreskreis: Mk 9,38-43.45.47-48 70
- 27. Sonntag im Jahreskreis: Mk 10,2-16 73
- 28. Sonntag im Jahreskreis: Mk 10,17-27 76
- 29. Sonntag im Jahreskreis: Mk 10,35-45 79
- 30. Sonntag im Jahreskreis: Mk 10,46-52 82
- 31. Sonntag im Jahreskreis: Mk 12,28b-34 85
- 32. Sonntag im Jahreskreis: Mk 12,38-44 88
- 33. Sonntag im Jahreskreis: Mk 13,24-32 91

Literatur- und Abkürzungsverzeichnis — 95

Was Sie wissen sollten

■ Dieses Heft möchte Liturgieteams Anregungen geben für die Vorbereitung von Familiengottesdiensten an den Sonntagen des Jahreskreises im Lesejahr B. Als **Arbeitsheft** bietet es keine fertigen Gottesdienstmodelle. Es möchte Sie vielmehr „anstiften", bei der Vorbereitung von den Schrifttexten des Sonntags auszugehen, vor allem über das Evangelium ins Gespräch zu kommen und einen Grundgedanken für die Feier des Familiengottesdienstes zu finden.

■ Dieses Heft befasst sich mit den Perikopen aus dem Markusevangelium an den Sonntagen im Jahreskreis des Lesejahres B. Die Sonntage 17–21, an denen ein Abschnitt aus dem Johannesevangelium vorgelesen wird, fehlen daher in dieser Handreichung. Im Beitrag **Fragen rund um das Markusevangelium** sowie im Abschnitt **Zur Leseordnung der Sonntage im Jahreskreis** finden Sie wichtige Hintergrundinformationen.

■ Der Abschnitt zum **Bibelgespräch bei der Gottesdienstvorbereitung** zeigt Ihnen unterschiedliche Möglichkeiten auf, über den Schrifttext ins Gespräch zu kommen, um daraus Impulse für die Feier des Gottesdienstes zu schöpfen.

■ Den Hauptteil bilden **Anregungen zu den Sonntagen im Jahreskreis**. Die Anregungen beginnen dreispaltig mit Angaben zum Evangelium, sie sind nach folgendem Schema gegliedert:
▹ Links steht das Sonntagsevangelium
▹ in der mittleren Spalte finden Sie Sachinformationen zum Evangelium
▹ die rechte Spalte enthält Impulse und Fragen zum Schriftgespräch.

Zweispaltig geht es weiter:
▹ Links stehen Kernaussagen der **1. Lesung** aus dem Alten Testament
▹ rechts Kernaussagen der **2. Lesung** aus dem Neuen Testament;
darüber hinaus werden Ihnen dort, soweit möglich, Querverbindungen zum Sonntagsevangelium genannt.

Daran anschließend sind mögliche **Grundgedanken** für die Feier des Gottesdienstes formuliert. Sie sind vor allem aus dem jeweiligen Sonntagsevangelium entwickelt, nehmen aber auch Gedanken aus den Lesungen auf. Vielleicht gehen Ihnen aber ganz andere Aspekte auf, wenn Sie die Schrifttexte lesen und im Liturgieteam darüber sprechen.
Am Schluss bietet die **Fundgrube** Anregungen und Ideen für die Gottesdienstgestaltung. Auch hier können Sie auswählen und ergänzen.

■ Im **Literatur- und Abkürzungsverzeichnis** sind Quellen- und Materialsammlungen aufgeführt, auf die in der Fundgrube in abgekürzter Form hingewiesen wurde.

Fragen rund um das Markusevangelium

Wer war Markus?

Eine alte kirchliche Überlieferung erkennt in Markus den Begleiter des Paulus auf dessen erster Missionsreise, über den wir in der Apostelgeschichte, Kapitel 12 bis 15, einiges erfahren. Nach derselben alten kirchlichen Tradition soll Markus aber auch eine enge Beziehung zu Petrus gehabt haben, was unter anderem aus dem ersten Petrusbrief, Kapitel 5, Vers 13, gefolgert wird. Diese kirchliche Überlieferung geht davon aus, dass im Markusevangelium das Zeugnis der beiden Hauptapostel Petrus und Paulus enthalten ist, und unterstreicht so die Glaubwürdigkeit und Zuverlässigkeit gerade dieses Evangeliums. Bis heute besitzt das Zeugnis dieses ältesten Evangeliums ein großes Gewicht, auch wenn die Frage nach dem Verfasser heute nicht mehr so eindeutig beantwortet werden kann. Diese Frage scheint heute aber auch nicht mehr so wichtig zu sein, da die Überzeugungskraft dieses Evangeliums mehr von dem in ihm enthaltenen Glaubenszeugnis als von der Autorität des Autors lebt.

Warum wird Markus als Löwe dargestellt?

In der Kunstgeschichte wurden den Evangelisten Symbole zugeordnet, die sich zunächst auf den jeweiligen Evangelienanfang beziehen. Da in den ersten Versen des Markusevangeliums von der Wüste die Rede ist, in der die Stimme eines Propheten erschallt, mächtig und kräftig wie die Stimme eines Löwen in der Wüste, wurde für Markus der Löwe ausgewählt.
Darüber hinaus wird im ganzen Markusevangelium Jesus als der gekreuzigte, auferstandene und im Heiligen Geist gegenwärtige Herr eindrucksvoll in einer einfachen und kräftigen Sprache verkündet. So gleicht auch der Inhalt des Markusevangeliums der mächtigen Stimme eines Löwen in der Wüste.

Wann entstand das Markusevangelium?

Nach allem, was wir heute wissen, entstand das Markusevangelium als ältestes der uns bekannten Evangelien kurz nach dem Jahr 70 n. Chr., dem Jahr der Zerstörung Jerusalems. Matthäus und Lukas haben bei der Abfassung ihrer Evangelien später auf das Markusevangelium zurückgegriffen.

Wie hat Markus gearbeitet?

Schon vor Markus gab es Sammlungen von Worten Jesu, von Streitgesprächen Jesu mit seinen Gegnern und von Gleichnissen Jesu. Diese Sammlungen hat Markus ebenso benutzt wie die schon vor ihm erzählten Wunderberichte, die Passionsgeschichte oder die Endzeitrede. Dieser Stoff war dem Markus und „seiner" Gemeinde bekannt. Die Aufgabe des Markus bestand vor allem in der Auswahl, Zusammenstellung und Gewichtung dieser Traditionsstücke. Aus alledem als erster ein Evangelium, eine Freudenbotschaft, geformt zu haben, macht die Leistung des Markus aus.

Für wen hat Markus sein Evangelium geschrieben?

Auch wenn wir heute nicht mehr ganz genau sagen können, für wen oder – besser gesagt – für welche Gemeinde Markus sein Evangelium geschrieben hat, so steht doch fest, dass es Christen waren, die mit dem Judentum, den jüdischen Bräuchen und Gepflogenheiten nicht vertraut waren, sodass Markus immer wieder diese Bräuche erklärt. Auch scheinen diese Christen über das Land Israel nicht so genau Bescheid zu wissen, sodass Markus darauf verzichtet, auf geographisch exakte Angaben zu achten. In diesen Punkten gleicht die Gemeinde des Markus uns Christen in Deutschland und Europa.
Seiner Gemeinde wollte Markus durch sein Evangelium Jesus als den gekreuzigten, auferstandenen und im Heiligen Geist gegenwärtigen Herrn verkünden.

Wie ist das Markusevangelium gegliedert?

Das Markusevangelium enthält zwei große Abschnitte: Im ersten Abschnitt (Mk 1-9) wirkt Jesus im wesentlichen in Galiläa und Umgebung, im zweiten Abschnitt (Mk 11-16) sehen wir Jesus in Jerusalem, wo er schließlich gekreuzigt wird und aufersteht.
Dem ersten Abschnitt geht ein kurzer Bericht über Johannes den Täufer (Mk 1,1-13) voraus. Vor dem zweiten Abschnitt finden wir in Kapitel 10 die Schilderung der Ereignisse auf dem Weg nach Jerusalem.
Die beiden großen Abschnitte werden aber nicht nur durch das 10. Kapitel miteinander verknüpft. Wichtiger sind vielmehr die Hinweise auf das Leiden Jesu (Mk 2,20; 3,6) und die Leidensvorhersagen (Mk 8,31; 9,30-32; 10,32-34). Dadurch werden Tod und Auferstehung Jesu in Jerusalem zum Zielpunkt des ganzen Evangeliums, das mit wachsender Dynamik und Dramatik diesem Zielpunkt entgegengeht.

Was ist das Besondere am Markusevangelium?

In der Gemeinde des Markus gab es schon Sammlungen von Worten und Taten Jesu, die von Markus benutzt wurden. Aber die Sprüche, Gleichnisse und Streitreden Jesu zeigen Jesus nur als originellen und überlegenen Lehrer. Die Wunderberichte zeigen Jesus nur als den mit Gottes Macht erfüllten Heiland und Wundertäter. Und der Leidensbericht zeigt nur, was Jesus als leidender Gottesknecht alles für uns erlitten und erduldet hat.

Die Leistung des Markus liegt nun in der Verbindung und Mischung dieser unterschiedlichen Aspekte. So bezeugt Markus: Der in der Gemeinde lebendige Jesus zeigt sich nur in der Zusammenschau seiner Worte, seiner Taten und seines Leidens. Wer dem auferstandenen Herrn begegnen will, das zeigt Markus eindringlich in seinem Evangelium, der muss Jesu Worte genauso wichtig nehmen wie seine Wundertaten und sein Leiden und Sterben.
Allerdings ist das noch nicht alles. Denn durch die Gliederung seines Evangeliums macht Markus klar, dass die Worte und Taten Jesu einmünden in sein Leiden, Sterben und Auferstehen. Begegnung mit Jesus ist für Markus immer Begegnung mit dem Gekreuzigten und Auferstandenen. So stellt Markus seiner Gemeinde das ganze Leben und Wirken Jesu als Evangelium vor Augen.

Was sollen die vielen Schweigegebote?

Immer wieder hören wir im Markusevangelium, wie Jesus denen, die ihn kennen gelernt und etwas vom Wirken Gottes in ihm entdeckt haben, einschärft, ja nichts von dem weiterzusagen, was sie entdeckt haben, Dieses Schweigegebot gilt, „bis der Menschensohn von den Toten auferstanden" ist (Mk 9,9), wird aber mit großer Regelmäßigkeit immer wieder gebrochen und nicht beachtet.
Viel ist über dieses Schweigegebot gerätselt worden. Inzwischen scheint aber klar zu sein, was Markus damit erreichen will:
Markus möchte deutlich machen, dass wir Jesus nur dann wirklich begegnen, wenn wir seinen ganzen Lebensweg bis Karfreitag kennen und mitgehen. Erst von seinem Ende her erschließt sich der tiefere und eigentliche Sinn des Lebensweges Jesu. Darum muss man das Markusevangelium eigentlich zweimal lesen, um zu begreifen, ja man muss bereit sein, sich auf diesen Weg Jesu einzulassen, um ihm zu begegnen.
Indem Markus zeigt, wie das Schweigegebot ständig gebrochen wird, macht er verständlich, warum Jesus mehr und mehr abgelehnt wird: Weil Jesu Leben erst von seinem Ende her begreiflich wird, muss ihn ablehnen oder missverstehen, wer dieses Ende noch nicht kennt. Erst nach Ostern kann und muss Jesus ohne Einschränkung verkündigt werden. Denn erst nach dem Auferstehungsereignis zeigt sich unverhüllt, dass dieser Jesus von Nazaret tatsächlich der Messias, der Sohn Gottes, war.

Warum begreifen die Jünger so wenig von Jesus?

Immer wieder betont das Markusevangelium, dass die Jünger anscheinend gar nichts begreifen. Hat Markus etwas gegen die Jünger? Doch von Kritik an den Jüngern ist sonst im Markusevangelium wenig zu finden.

Vielleicht will Markus uns ja durch das Beispiel des Unverständnisses der Jünger Mut machen, da auch seine Leser nicht von Glaubenszweifel verschont bleiben. Wahrscheinlicher aber ist, dass an diesen Stellen zum Ausdruck kommt: Jesus begegnen heißt dem Gekreuzigten und Auferstandenen begegnen. Wer noch vor Ostern lebt, kann Jesus nicht wirklich verstehen und begreifen.

Wie endet das Markusevangelium?

Die Bibelwissenschaftler sind sich einig, dass die Verse Mk 16,9-20 spätere Anhänge und Erweiterungen des Markusevangeliums sind, sodass dieses ursprünglich mit Mk 16,8 endete.
Viele haben diesen Abschluss für unbefriedigend gehalten, weil Markus über Ostern nur die acht Verse Mk 16,1-8 zu berichten weiß. Auch der letzte Satz („... denn sie fürchten sich") bildet anscheinend keinen gelungenen Abschluss. Manche haben deshalb vermutet, das ursprüngliche Ende sei verloren gegangen. Die Verse Mk 16,9-20 sind offenbar schon „Verbesserungen" dieses unbefriedigenden Schlusses.
Dabei ist das plötzliche Ende von Markus beabsichtigt. Wenn ein Engel denen, die am leeren Grab von Angst und Furcht beherrscht werden, rät, nach Galiläa zu gehen, um dem Gekreuzigten und Auferstandenen dort zu begegnen, dann heißt dies doch: Geht zurück an den Beginn des Lebensweges Jesu! Geht seinen Weg im Licht von Ostern aufs Neue nach und lernt diesen Weg neu zu buchstabieren! Wer dies tut, wird Jesus begegnen und ihn verstehen.

Besonderer Hinweis
In der Reihe „Bibel heute" (Nr. 150 / 2. Quartal 2002)
ist ein Heft mit dem Titel „Markus" erschienen.

Bibelgespräch bei der Gottesdienstvorbereitung

Eine angemessene Vorbereitung der Sonntagsgottesdienste geht von der biblischen Botschaft des jeweiligen Sonntags aus. Sie steht im Mittelpunkt des Wortgottesdienstes, der mit der Eucharistiefeier eine einzige liturgische Feier bildet. Die gesamte Gottesdienstgestaltung sollte von ihr bestimmt sein.
Nur aus der eigenen Begegnung mit dem Wort Gottes und der Auseinandersetzung mit den Texten der Liturgie erwächst dem Vorbereitungsteam die Möglichkeit, das Handeln Gottes anderen zu erschließen und den Rahmen für eine fruchtbare Gottesdienstfeier zu schaffen. Deshalb ist zunächst zu fragen, welche Aspekte der göttlichen Zuwendung an diesem Tag in den Schrifttexten besonders betont werden.
Für die Bibelarbeit in der Gruppe gibt es unterschiedliche Wege und Anleitungen. Die vorliegende Arbeitshilfe bietet dafür verschiedene Anregungen.

A. Bibelgespräch in drei Schritten

Ein erster Zugang steht unter der Frage, wie der Bibeltext bei uns als Hörerinnen und Hörern ankommt: Mit welchen Gefühlen, Fragen und Themen bringen wir ihn in Zusammenhang? Wo (be)trifft er uns? Was erscheint uns daran aktuell? Bei den Gesprächsanregungen in diesem Heft sind entsprechende Impulse/Fragen mit ❶ gekennzeichnet.
In einem zweiten Schritt geht es um ein genaues Hören und Verstehen des Textes. Wie ist er aufgebaut? Was kommt zur Sprache? Was verstehe ich nicht? In welchen geschichtlichen und gesellschaftlichen Zusammenhängen ist er entstanden? Was sagt er über Gott? Über die Menschen? ... Bei der Klärung solcher Fragen kann die Spalte „Texterschließung" helfen. Entsprechende Gesprächsimpulse sind mit ❷ gekennzeichnet.
In einem dritten Schritt versuchen wir, den Text mit unseren eigenen Erfahrungen und unserem Handeln in Verbindung zu bringen. Was bedeutet der Text für unser Selbstverständnis, für unseren Glauben, für unser Gottesbild? Welche Bedeutung hat er für unser Zusammenleben und Handeln in der Familie, in der Gemeinde ...? Entsprechende Gesprächsimpulse sind mit ❸ gekennzeichnet.
Erst in einem vierten Schritt (ggfs. bei einem zweiten Treffen) geht es um Fragen der Gottesdienstgestaltung. Dabei können die Hinweise in den Spalten „Grundgedanken" und „Fundgrube" helfen.

B. Persönliche Vorbereitung und gemeinsamer Austausch

Die Mitglieder des Liturgieteams können den Bibeltext und die Texterschließungen auch zu Hause als Vorbereitung auf ein gemeinsames Treffen lesen. Eine Hilfe ist es, auffällige Wörter und Sätze zu markieren oder zu unterstreichen. Im gemeinsamen Bibelgespräch des Liturgieteams können dann aufgekommene Fragen und das, was die Einzelnen persönlich besonders angesprochen hat, ausgetauscht und besprochen werden. Anhand eigener oder aus diesem Heft ausgewählter Gesprächsimpulse kann gemeinsam überlegt werden, welcher Aspekt des Wortes Gottes für die jeweilige Gemeinde besonders wichtig ist. Dieser Grundgedanke kann die Feier des Gottesdienstes prägen.

C. Spontanes und gelenktes Bibelgespräch

Beim Treffen des Liturgieteams wird der Schrifttext gemeinsam gelesen. Danach kann sich jeder in der Gruppe spontan äußern, um miteinander ins Gespräch zu kommen. Gewünschte Sachinformationen bietet die Texterschließung. Die Gesprächsimpulse können als Anregungen dienen, Gedanken zu ordnen und zu bündeln. Sie bieten aber auch die Möglichkeit, neue Akzente zu erkennen und zu setzen. Daraus kann sich ein Grundgedanke für die Feier des Gottesdienstes entwickeln, der die spezielle Situation der Gemeinde trifft.

Zur Leseordnung der Sonntage im Jahreskreis

In jedem Jahr kommt im Wortgottesdienst der Messfeier an Sonn- und Feiertagen soweit wie möglich einer der drei ersten Evangelisten (Synoptiker) zu Wort, und zwar in der Reihenfolge, in der ihre Schriften im Neuen Testament stehen. Auf diese Weise erhält jedes Jahr durch die Darstellungsweise und die Theologie eines Evangelisten seine besondere Prägung. Das Lesejahr B ist infolgedessen das Markus-Jahr.

Evangelium

An den Sonntagen im Jahreskreis (liturgische Farbe: grün) wird fortlaufend aus dem Markusevangelium gelesen. Nur wenige Abschnitte werden ausgelassen, vor allem solche, die schon für andere Sonn- oder Festtage vorgesehen sind. Aus der fortlaufenden Lesung ergibt sich in jedem Lesejahr „eine gewisse Abstimmung zwischen dem Inhalt der Evangelien und dem Verlauf des Kirchenjahres"; man beginnt mit dem Anfang der Verkündigung Jesu, „der eng mit der Taufe und den ersten Offenbarungen zusammenhängt" (Pastorale Einführung in das Messlektionar 105), und endet mit dem endzeitlichen Thema. Da das Evangelium nach Markus relativ kurz ist, ist es möglich, am 17. Sonntag ergänzend anstelle der markinischen die johanneische Perikope von der Brotvermehrung und anschließend bis zum 21. Sonntag Abschnitte aus der großen Brotrede in Joh 6 zu lesen, Texte, die sonst am Sonntag nicht vorkommen. Eine Ausnahme bildet auch der 2. Sonntag im Jahreskreis, für den der Abschnitt über die erste Jüngerberufung nach Johannes (1,35-42) vorgesehen ist. Johanneische Texte über den Anfang des Wirkens Jesu hat dieser Sonntag auch in den anderen Lesejahren. Im Übrigen findet das Johannesevangelium vor allem in den Geprägten Zeiten (Advents-, Weihnachts-, Fasten-, Osterzeit) Verwendung. **In der vorliegenden Arbeitshilfe sind nur die Sonntage im Jahreskreis berücksichtigt, an denen das Evangelium des Markus zur Sprache kommt.**

Erste Lesung

Die Erste Lesung ist an den Sonntagen im Jahreskreis immer alttestamentlich. Sie ist so ausgewählt, dass „möglichst viele der wichtigsten Texte des Alten Testaments vorkommen" (106) und dass sich jeweils eine thematische Beziehung zum Evangelium ergibt. Diese Bezüge können sehr unterschiedlich sein. In jedem Fall wird erst vom Evangelium her deutlich, was die Auswahl bestimmt hat. Das Verfahren der Zuordnung hat zur Folge, dass an den Sonntagen kein Eindruck von der Eigenart und Botschaft ganzer alttestamentlicher Schriften gewonnen werden kann. Dieser Nachteil wurde in Kauf genommen, um durch die thematische Verbindung mit dem Evangelium heilsgeschichtliche Zusammenhänge erkennbar machen zu können.

Zweite Lesung

Ein anderes Verfahren wurde bei der Wahl der Zweiten, immer neutestamentlichen Lesung angewandt. Über mehrere Sonntage hin wird jeweils in Auswahl fortlaufend aus einem der paulinischen Briefe oder aus dem Jakobusbrief gelesen. (Die Petrus- und Johannesbriefe gehören zur Weihnachts- und Osterzeit.) Jedes Lesejahr fängt am 2. Sonntag im Jahreskreis (der 1. Sonntag ist das Fest der Taufe des Herrn) mit dem 1. Korintherbrief an; für das Jahr B sind Abschnitte aus den Kapiteln 6-11 vorgesehen. Es folgt im Markus-Jahr vom 7. bis zum 14. Sonntag die Lektüre des 2. Korintherbriefes. Für sieben Sonntage ist anschließend der Epheserbrief und für fünf weitere der Jakobusbrief vorgesehen. An den letzten sieben Sonntagen vor dem Christkönigsfest (dem letzten Sonntag im Kirchenjahr) wird aus den Kapiteln 2-10 des Hebräerbriefes gelesen.

Eine thematische Zuordnung zum Evangelium auch in der Zeit im Jahreskreis (in den anderen Zeiten wird anders verfahren) hätte möglicherweise zur Folge gehabt, dass einige bedeutende Teile der neutestamentlichen Briefe nicht vorgekommen wären. Die fortlaufende Lesung ermöglicht es zudem, über einen längeren Zeitraum hin die Theologie einer ganzen biblischen Schrift kennen zu lernen. Verbindungslinien zu den beiden anderen Schriftlesungen ergeben sich auch so immer wieder.

Auswahl

Es ist natürlich vorgesehen, dass im Gemeindegottesdienst wirklich alle drei Schriftlesungen gelesen werden. So soll deutlich werden, „dass die beiden Testamente wie die gesamte Heilsgeschichte eine Einheit bilden: ihre Mitte ist Christus, der in seinem Pascha-Mysterium vergegenwärtigt wird" (66). Wenn aus pastoralen Gründen vor dem Evangelium nur eine Lesung genommen wird, „dann soll die Auswahl ... so getroffen werden, dass die beabsichtigte umfassendere Darbietung des Heilsmysteriums an die Gläubigen nicht vereitelt wird" (79). In Messfeiern mit Kindern ist es möglich, sich nur auf das Evangelium zu beschränken. Das muss aber nicht immer der bessere Weg sein. Die Anregungen dieses Heftes legen daher den Schwerpunkt auf das Evangelium, berücksichtigen aber auch die beiden Lesungen.

Anregungen zu den Sonntagen im Jahreskreis

Evangelium: Mk 1,7-11	Texterschließung	Gesprächsimpulse
In jener Zeit 7 trat Johannes in der Wüste auf und verkündete: Nach mir kommt einer, der ist stärker als ich; ich bin es nicht wert, mich zu bücken, um ihm die Schuhe aufzuschnüren.	Das Epiphaniethema (Gott wird sichtbar in Jesus) des Weihnachtsfestkreises wird mit dem Fest der Taufe Jesu noch einmal aufgegriffen; damit beginnt die Zeit der Sonntage im Jahreskreis. Die Menschen erwarten sehnsüchtig den Messias und haben sich von Johannes dem Täufer an den Jordan rufen lassen.	„Wüste" kann Verschiedenes sein: Sie gilt z.B. als Ort – der ersten Liebe Gottes: Übergabe der Tora; – der Lebensschule: 40 Jahre Wüstenzug des Volkes Israel; – der Konzentration auf das Lebensnotwendigste; – am Rande der Gesellschaft; – des Absterbens und der Erneuerung; – der Leere, der Ödnis, des Durstes, der Einsamkeit. Was bedeutet „Wüste" für Sie? ❶
8 Ich habe euch nur mit Wasser getauft, er aber wird euch mit dem Heiligen Geist taufen.	Johannes versteht sich als Vorläufer, als Wegbereiter für den so sehnsüchtig erwarteten Messias. Er weiß um den Abstand, der zwischen ihm und dem Messias besteht. Deshalb hält er sich nicht für wert, ihm die Schuhriemen zu lösen. Im Gegensatz zu Johannes, der zur Umkehr und Buße aufruft und mit Wasser tauft, wird der Messias mit Heiligem Geist taufen. Jetzt ist die Endzeit angebrochen, jetzt beginnt die Heilszeit mit Gott; die kommenden Zeichen Jesu verdeutlichen, dass das Gottesreich beginnt, seine Vollendung aber noch aussteht.	Die Taufe des Johannes ist ein Zeichen der Buße und Erneuerung. Überlegen Sie miteinander, – warum sich Jesus von Johannes taufen lässt und – warum uns der Evangelist davon berichtet. ❷ Was wissen Sie über die christliche Taufe? ❸
9 In jenen Tagen kam Jesus aus Nazaret in Galiläa und ließ sich von Johannes im Jordan taufen.	Die Einleitung in Vers 9 „in jenen Tagen" wird zur Eröffnungsformel „in jener Zeit", die die Evangelientexte der Messliturgie einleiten. Diese Formel unterstreicht die Aussage des Evangelisten, dass die Zeit des Heiles sich jetzt zu erfüllen beginnt. Alle Evangelien zeigen uns Jesus vor seinem öffentlichen Auftreten bei Johannes dem Täufer, der in der Wüste „Umkehr und Vergebung der Sünden verkündigt" (Vers 4). Er hat Johannes gehört und erlebt, wie die Menschen zu Johannes kamen, „ihre Sünden bekannten und sich von ihm im Jordan taufen ließen" (vgl. Vers 5). Markus zeigt: Jesus ist solidarisch mit dem Menschen als Sünder. Deshalb stellt er sich in die Reihe mit allen anderen, die sich von Johannes zur Buße und Erneuerung gerufen fühlen.	

13

Taufe des Herrn (1. Sonntag im Jahreskreis) B

Evangelium: Mk 1,7-11	Texterschließung	Gesprächsimpulse
10 Und als er aus dem Wasser stieg, sah er, dass der Himmel sich öffnete und der Geist wie eine Taube auf ihn herabkam.	Die Taufe Jesu wird anscheinend nur so beiläufig erwähnt. Wichtig und entscheidend ist dem Evangelisten, was Gott in der Taufe an Jesus bewirkt: „Der Himmel öffnet sich!" – d.h. Gott gewährt Einblick in sein Handeln. Das ist die Sprache der Endzeit, der Apokalyptik. Gottes Geist kommt in Gestalt einer Taube auf Jesus herab.	Was kann das Bild vom geöffneten Himmel für uns und unser Leben bedeuten? ❸
11 Und eine Stimme aus dem Himmel sprach: Du bist mein geliebter Sohn, an dir habe ich Gefallen gefunden.	Die Stimme aus dem Himmel gibt Antwort auf die Frage: „Wer ist dieser Jesus?" – Jesus, der Mensch, wird als Sohn Gottes durch seinen Vater im Himmel vor den Menschen bestätigt, als Sohn autorisiert. In einzigartiger Weise ist er vom Geist Gottes erfüllt. Als Sohn Gottes ist er beauftragt, das Heil zu bringen, das Gott seinem Volk Israel im Bund verheißen hat.	Wer ist dieser Jesus – für uns heute? In der christlichen Taufe wird der Täufling als Kind Gottes angenommen. Daraus ergeben sich Auswirkungen und Verpflichtungen für den Getauften! Wie sehen sie aus? ❸

Kernaussagen der Lesungen

1. Lesung: Jes 42,5a.1-4.6-7	2. Lesung: Apg 10,34-38
Der Prophet verheißt dem Volk Israel, das in der Verbannung leben muss, die Berufung des Gottesknechtes. Die Urkirche hat in der Darstellung der Taufe Jesu sich zu ihm als dem verheißenen Gottesknecht bekannt. Seine befreienden Taten weisen ihn aus als den erwählten Messias, der ganz in der Kraft Gottes steht.	Petrus hat diese Rede vor der Taufe des Hauptmanns Kornelius gehalten. In Visionen hatte er erfahren, dass auch den Heiden die Botschaft Jesu zugesagt ist. Während seiner Rede kam der Heilige Geist auf alle herab. Ohne Ansehen der Person kommt Gott zu allen Menschen in allen Völkern, wenn sie sich in der Taufe ihm zuwenden.
oder 1. Lesung: Jes 55,1-11	**oder 2. Lesung: 1 Joh 5,1-9**
Dem Durst und dem Geld, das nicht nährt, steht Nahrung in Fülle gegenüber. Gott will Leben in Fülle. Er kündigt einen neuen Bund an und erfüllt seine alten Verheißungen. Der Text lädt ein, den Bund mit Gott zu suchen und seinen Lebensdurst mit seinem lebendigen Wasser zu stillen.	Glaube und Liebe gehören zusammen. Der Sieg des Glaubens ist die Liebe, die sich in der Hingabe des Gottessohnes geoffenbart hat. Jesus als Gottessohn ist durch Wasser (Taufe) und Blut (Kreuzestod) zu uns gekommen (V. 6); die Kraft Gottes, der Heilige Geist, legt Zeugnis dafür ab.

Taufe des Herrn (1. Sonntag im Jahreskreis) B

Grundgedanken für die Feier des Gottesdienstes

- Wer ist dieser Jesus eigentlich?
- Taufe: Bund mit Gott, Gemeinschaft mit Jesus und seiner Kirche.
- Taufe: Sakrament des Anfangs der Verheißungen Gottes.
- Gott ist jeder Mensch willkommen.
- Gott berührt den Menschen und der Himmel öffnet sich.

Fundgrube

- Taufliturgie
  * Text, liturgische Handlungen
  * Gestaltung und Feier einer Taufe
  * von einer Erwachsenentaufe erzählen (mit Unterschieden zur Taufe Jesu)
- Taufnamen:
  * Kind Gottes, Vaterunser-Gebet;
  * Hall 40 (Melodie): „Ich will dich preisen, weil du meinen Namen kennst, Gott meines Lebens!"
  * Ex 3,14: Offenbarung des Namen Gottes: Jahwe: „Ich bin für euch da!"
  * Namenspatron
- Entzünden einer Markus-Kerze für das ganze Lesejahr und/oder ggf. Hervorheben einer Markus-Darstellung / eines Markus-Symbols im Kirchenraum
- Liturgische Elemente, die betont werden können:
  – Sonntägliches Taufgedächtnis zu Beginn oder in Verbindung mit dem Credo (ggf. Taufort einbeziehen)
  – Kyrie-Rufe mit Christus-Preisungen, die durch das Evangelium inspiriert sind
  – Fürbitte für Menschen, die sich (in der Gemeinde) auf die Taufe vorbereiten
  – Dankmotive vor der Präfation oder Dank nach der Kommunion: für Jesus, den Glauben, die Taufe, Gottes/Jesu Wort, die Kirche…

- Gesänge:

GL	46	Ein kleines Kind
GL	505	Du hast uns Herr gerufen
GL	635	Ich bin getauft
GL	636	Herr segne dieses Kind (auch als Gebet)
Hall	20	Ich lobe meinen Gott
Hall	25	Halleluja
Hall	93	Der Himmel geht über allen auf
Hall	125	Seht, neuer Morgen
S	271	Unser Leben sei ein Fest
S	283	Mein Gott, welche Freude
S	612	Lasst uns miteinander
T	14	Tui amoris ignem
T	28	Gott, du bist Liebe
T	32	Bei Gott bin ich geborgen
T	54	Gott aller Liebe
T	63	Benedictus

- Symbol Wasser:
  * belebend – vernichtend;
  * Geschichten und Bilder
  * „Wasserzeichen" als Zeichen der Echtheit (Geldschein, Briefpapier)
  * Taufstein / Weihwasserbecken
  * Taufwasser / Weihwasser
- Bilder von der Taufe Jesu: aus der Kunstgeschichte, ggf. in der eigenen Kirche
- Bilder von Johannes dem Täufer: z.B. Matthias Grünewald, Thomas Zacharias
- Symbol der Taube:
  * Sintflutgeschichte
- Beispiele der Berührung (Übereinstimmung) mit dem Himmel suchen:
  mit Gott,
  mit seinem Bund,
  mit seinem verheißenen Heil,
  mit dem eigenen Leben,
  mit dem Leben in der Schöpfung

3. Sonntag im Jahreskreis B

Evangelium: Mk 1,14-20	Texterschließung	Gesprächsimpulse
14 Nachdem man Johannes den Täufer ins Gefängnis geworfen hatte, ging Jesus wieder nach Galiläa, er verkündete das Evangelium Gottes **15** und sprach: Die Zeit ist erfüllt, das Reich Gottes ist nahe. Kehrt um und glaubt an das Evangelium! **16** Als Jesus am See von Galiläa entlangging, sah er Simon und Andreas, den Bruder des Simon, die auf dem See ihr Netz auswarfen; sie waren nämlich Fischer. **17** Da sagte er zu ihnen: Kommt her, folgt mir nach! Ich werde euch zu Menschenfischern machen. **18** Sogleich ließen sie ihre Netze liegen und folgten ihm. **19** Als er ein Stück weiterging, sah er Jakobus, den Sohn des Zebedäus, und seinen Bruder Johannes, sie waren im Boot und richteten ihre Netze her.	Das Evangelium lässt sich in zwei Abschnitte gliedern: der Beginn der Verkündigung Jesu und die Berufung der ersten Jünger. Die Zeit der letzten großen Propheten Johannes, des Vorläufers von Jesus, ist abgelaufen. Jesus tritt mit seiner Lehre an die Öffentlichkeit. Galiläa wird als Ort seines Wirkens genannt. Programmatisch ist im Vers 15 die Botschaft des ganzen Evangeliums konzentriert! Der Mensch muss umkehren, denn die Wende im Schicksal des Volkes Israel ist eingetreten. Die Endzeit ist angebrochen, zugleich steht die Vollendung noch aus. Nur wer umkehrt und wagt, sich vertrauensvoll auf das Wort und den Weg Jesu einzulassen, dem wird das angekündigte Reich Gottes offenbar. Mit der Berufung fordert Jesus die Antwort der Apostel auf sein Programm heraus und legt zugleich die Fundamente für sein Werk. Sein Ruf trifft die Menschen mitten in ihrer Alltagswelt; sie werden aus ihrem Beruf herausgerissen. Weder Bildung noch Schriftkenntnis, noch Frömmigkeit bieten sich als Berufungskriterien an. Wer seinen Ruf hört, muss Antwort geben; und wer ihm nachfolgt, für den ändert sich das Leben radikal. Auffällig ist, dass Simon von Anfang an bei der Aufzählung der Apostel immer wieder an erster Stelle genannt wird. Hier wird die Gründungsgeschichte der Gemeinde bezeugt, die ihren Ursprung in der persönlichen Begegnung zwischen Jesus und Simon Petrus hat. Die zweite Berufungsgeschichte unterstreicht mit ihrer Wiederholung (wieder ein Brüderpaar), wie wichtig die Gründung des Jüngerkreises ist. Der Evangelist Markus wird künftig stets von Jesus	Sie kennen vielleicht Lebensabschnitte, in denen die Zeit „reif" ist, nicht mehr sein „normales" Leben fortzuführen… ❶ Im Vers 15 ist die Botschaft des ganzen Evangeliums programmatisch konzentriert. Wie verstehen Sie die vier Elemente dieser Botschaft? Was wird hier ausgesagt? ❷ Jesus Einladung, sein Leben auf den Willen Gottes hin auszurichten und zu öffnen, gründet in der erfahrbaren Nähe des Reiches Gottes. Daraus hat Jesus selbst gelebt. Und Christen versuchen, so zu leben!? ❷ + ❸ Wie kann Jesus heute in seine Nachfolge rufen? Wie kann eine persönliche Beziehung (Lebensgemeinschaft) mit Jesus sich zeigen? ❸ Wie könnte heute der Beruf „Menschenfischer" aussehen? Welche Aufgaben gehören dazu? ❸ Wo bin ich ihm begegnet, von ihm angesprochen, gerufen worden?

3. Sonntag im Jahreskreis B

Evangelium: Mk 1,14-20	Texterschließung	Gesprächsimpulse
20 Sofort rief er sie und sie ließen ihren Vater Zebedäus mit seinen Tagelöhnern im Boot zurück und folgten Jesus nach.	und seinen Jüngern sprechen. Das ist bei ihm ein feststehender Begriff. In der besonderen Berufung dieser Jünger stellt Markus seiner Gemeinde und allen künftigen Lesern das Grundmuster vor Augen: Berufung, Nachfolge und Sendung. Der neue Beruf „Menschenfischer" kennt keine direkten Parallelen. Die Fischer erhalten durch den Ruf Jesu einen neuen Beruf, die Kinder Israels zu sammeln. Das Wort vom Menschenfischer gibt einmal das Ziel an, zu dem der Ruf geschieht, Menschen für das Reich Gottes zu gewinnen, und dann die Verheißung einer Lebensfülle, die keines Menschen Sinn je erfahren hat.	Zu wem bin ich gesandt (vielleicht als „Menschenfischer")? Nachfolge im gewohnten Lebensbereich – wie geht das konkret? ❸

Kernaussagen der Lesungen

1. Lesung: Jona 3,1-5.10	2. Lesung: 1 Kor 7,29-31
Jona hatte erfahren müssen, dass Gottes Ruf nicht umgangen werden kann. Er wird berufen, als Prophet den Bewohnern Ninives den Untergang anzukündigen. Die Umkehr auf Gott hin bewirkte auch die Umkehr Gottes vom Gericht zur Barmherzigkeit. Den Weg zum Leben finden, das heißt auch heute noch, Gottes Ruf zu hören und – wie die Jünger im Evangelium – bereit zu sein, Jesus nachzufolgen.	Die Zeit ist kurz, die Endzeit ist da. Es darf kein Zögern geben, sich auf Gott einzulassen. Nichts ist ihm vorzuziehen. Alles andere verliert an Bedeutung (Ehe, Besitz, Beruf, Trauer, Freude …), vergeht und zerrinnt zwischen den Fingern. Es geht nicht um Untergang, sondern um die Gewissheit, dass es nichts Wichtigeres gibt, als dem Ruf Jesu zu folgen.

Grundgedanken für die Feier des Gottesdienstes

- Jesus ruft in seine Nachfolge.
- Die Verkündigung des Reiches Gottes und die Antwort in der Berufung und Nachfolge der Jünger (der Gemeinde).
- Gesichert im Netz der Beziehungen zu Gott.

- Wer Jesus begegnet, der verändert sein Leben.
- Sich ändern, sich finden.
- Alles verlassen – alles verloren?
- Nachfolge – Tat und Geschenk Gottes.

3. Sonntag im Jahreskreis B

	Fundgrube	

- Aus verschiedener Perspektive die Reaktion der handelnden Personen erzählen: Jünger, Zebedäus, andere Fischer
- Das Wirken des Propheten Jona vorstellen (Bild, erzählen, spielen)
- Bedeutung von „Wegweisern" (vgl. Antwortpsalm)
- Szenische Anspiele oder Erzählungen:
  * hören und doch nicht hören, überhören
  * Umkehr wagen – Umkehr verschlafen
- Bilder:
  – Karikatur von Ivan Steiger (Steiger, S. 321)
  – Jesus beruft Simon und Andreas (Dia in: Bilder d. Kunst Nr. 37)
	- Darstellungen von Netzen und Vernetzungen:
	  – Fischernetz, Ballnetz
	  – Einkaufsnetz, Kommunikationsnetze (Telefonnetz, Funknetz, Internet)
	  – Sicherungsnetz, Fahndungsnetz, Fangnetz
	  – Sprachnetz der Frohen Botschaft
	  – „Menschenfischernetz": Knoten knüpfen im Sicherheitsnetz Gottes (z.B. Vertrauen, Wahrheit, Versöhnung, Solidarität, Toleranz, Liebe usw.)
	  – Personen mit dem Beruf „Menschenfischer"
	- Liturgische Elemente, die betont werden können:
	  – Kyrie-Litanei mit Gedanken von Mk 1,15; vgl. GL 495,4
	  – Verkündigung des Evangeliums hervorheben
	  – Fürbitten u. a. um / für „Menschenfischer" heute oder um die Erkenntnis des rechten Weges für …
		- Gesänge:
		GL 505 Du hast uns, Herr, gerufen
		GL 521 Herr, gib uns Mut zum Hören
		GL 610 Gelobt sei Gott, … gelobt durch die zwölf Zeugen
		GL 614 Wohl denen, die da wandeln
		GL 640 Gott ruft sein Volk
		GL 644 Sonne der Gerechtigkeit
		Hall 56 Wir lassen uns auf Jesus ein
		Hall 74 Wir haben Gottes Spuren
		Hall 79 Gott, den wir suchen
		Hall 99 Wir spinnen feine Fäden
		S 355 Liebe ist nicht nur ein Wort
		T 7 Vertraut dem Herrn
		T 11 Oculi nostri
		T 46 In te confido

4. Sonntag im Jahreskreis B

Evangelium: Mk 1,21-28	Texterschließung	Gesprächsimpulse
21 In Kafarnaum ging Jesus am Sabbat in die Synagoge und lehrte.	Kafarnaum ist die Stadt, in der Jesus sich gerne aufgehalten hat; hier dürfte er wohl zu Hause gewesen sein; der Evangelist schildert einen Tag mit mehreren Heilungen an Kranken. Jesus macht deutlich, dass durch seine Machtworte die Gottesherrschaft angebrochen ist (vgl. Mk 1,14f). Wie jeder Jude besuchte Jesus am Sabbat den Synagogengottesdienst. Als Mann konnte er nach der Verlesung der Schrifttexte das Wort ergreifen und auslegen. Jesus tut also zunächst nichts Ungewöhnliches.	
22 Und die Menschen waren sehr betroffen von seiner Lehre; denn er lehrte sie wie einer, der göttliche Vollmacht hat, nicht wie die Schriftgelehrten.	Über den Inhalt seiner Rede wird nichts berichtet. Das Ungewöhnliche war die Wirkung seiner Rede. Die Menschen waren sehr betroffen von seiner Lehre (vgl. auch 6,2; 10,26; 11,18), denn er lehrte sie wie einer, der Macht hatte. Keine der bekannten Lehrmeinungen kam bei Jesus zur Sprache. Die Autorität der Rede Jesu liegt begründet in seiner Person als Sohn Gottes (vgl. seine Autorisierung bei der Taufe im Jordan).	Wer betroffen ist, wurde getroffen / hat sich treffen lassen. Damit hängen Offenheit und Verletzbarkeit zusammen. Welche Gedanken lösen diese Stichworte aus? ❶ Vielleicht kennen Sie das auch, wenn jemand mit Vollmacht und Autorität auftritt... (begabter Redner, wortgewaltiger Prophet...) ❶
23 In ihrer Synagoge saß ein Mann, der von einem unreinen Geist besessen war. Der begann zu schreien: **24** Was haben wir mit dir zu tun, Jesus von Nazaret? Bist du gekommen, um uns ins Verderben zu stürzen? Ich weiß, wer du bist: der Heilige Gottes.	Die Dämonenaustreibung ist der demonstrative Nachweis: „Die Zeit ist erfüllt, das Reich Gottes ist nahe!" (vgl. Evangelium vom 3. Sonntag). Sein Wort vermag die dämonischen und zerstörerischen Kräfte im Menschen zu vertreiben. Was der Menge verborgen bleibt, erkennt der Dämon: Wenn die Fülle der Zeit da und das Reich Gottes angebrochen ist, sein Ende, sein Verderben gekommen. Der Dämon kann Jesus nicht nur beim Namen nennen, er weiß auch seinen Titel: „Heiliger Gottes".	Wie und wo zeigen sich Kräfte mit dämonischem Charakter, diabolischen Massenverführungen, teuflischen Gewaltparolen, Wahnideen, irrsinnigen Taten, Gier und Süchten, eine personale Existenz des Bösen im eigenen Leben, in der Welt? ❶
25 Da befahl ihm Jesus: Schweig und verlass ihn! **26** Der unreine Geist zerrte den	Jesus gibt dem Dämon den doppelten Befehl, zu schweigen und aus ihm auszufahren. Das Hin- und Herzerren an dem Mann unterstreicht die Übermacht Jesu gegenüber der widerwillig ausfahrenden Gewalt	Vom Evangelium hin- und hergerissen – kennen Sie das auch? ❷

4. Sonntag im Jahreskreis B

Evangelium: Mk 1,21-28	Texterschließung	Gesprächsimpulse
Mann hin und her und verließ ihn mit lautem Geschrei. 27 Da erschraken alle und einer fragte den andern: Was hat das zu bedeuten? Hier wird mit Vollmacht eine ganz neue Lehre verkündet. Sogar die unreinen Geister gehorchen seinem Befehl. 28 Und sein Ruf verbreitete sich im ganzen Gebiet von Galiläa.	des Dämon. Die neue Lehre Jesu vom Gottesreich demonstriert die Übermacht Jesu in Bezug auf satanische und dämonische Mächte, auf Heilung und Befreiung. Die Betroffenheit des Anfangs steigert sich zum Erschrecken. Eine heilsame Unruhe löst die Diskussion aus: „Was hat das zu bedeuten?" Der Schluss ist mehr als nur eine abschließende Erfolgsmeldung. Galiläa ist das eigentliche Gebiet, in dem Jesus wirkt; und dieses gesamte Gebiet ist sofort von dem ersten Wunder Jesu nachhaltig berührt worden. Galiläa wird später auch das Gebiet sein, in das der auferstandene Jesus seinen Jüngern vorausgeht. Diese Heilung ist die erste öffentliche Tat Jesu. Sie unterstreicht, dass Jesus vom Leid der Gottferne befreit.	Auch heute suchen Menschen nach Lebenshilfe, nach Erlösung von dämonischen Abhängigkeiten, Süchten und Besessenheiten, nach Orientierung und Sicherheit. Wie und wo können Menschen dabei Zeugen für Jesus sein? ❸

Kernaussagen der Lesungen	
1. Lesung: Dtn 18,15-20	**2. Lesung: 1 Kor 7,32-35**
Das alte Gottesvolk ist auf dem Weg in das verheißene Land. Fremde Menschen, andere Religionen, falsche Propheten treten ihm entgegen. Die Lesung unterscheidet scharf zwischen denen, die von Gott den Auftrag haben, in seinem Namen zu sprechen, und denen, die sich das selbst angemaßt haben. Gott will, dass sein Volk seine Zukunft bewältigt; er überlässt es nicht obskuren Mächten. Mose prophezeit, dass Gott einen Propheten senden wird, durch den die Erfüllung der Verheißungen machtvoll geschehen wird.	Paulus erwartet die Wiederkunft des Herrn. Die verbleibende Zeit ist kurz und kompromisslos zu leben. Deshalb geht er in der Sorge um die Sache des Herrn bis an die Grenzen seiner Kräfte. Von nichts anderem als vom Einsatz für Christus darf sich man noch abhängig machen! Halbherzigkeiten verhindern in dieser Endzeit ein eindeutiges Verhältnis zu Gott.

4. Sonntag im Jahreskreis B

Grundgedanken für die Feier des Gottesdienstes

- Was haben wir mit dir zu tun, Jesus von Nazaret? Jesus macht dem Spuk ein Ende.
- „Erlöse uns von dem Bösen!"
- Von Gottes guten Mächten wunderbar geborgen.

- „Das Reich Gottes ist nahe!" (vgl. Mk 1,14f).
- In der Freiheit der Kinder Gottes leben.
- Keine Macht dem Aberglauben.

Fundgrube

- Masken fallen lassen – kleines Anspiel zum Bußakt
- Wandzeitung vorbereiten: Das Reich Gottes ist nahe, wo kann ich es finden?
- Vergleich:
  Prophet (s. 1. Lesung) – Jesus
- Bilder:
  – „Engelsturz" v. Marc Chagall
  – Erzengel Michael
  – Hl. Georg
  – Schutzengel
  – Karikatur von Ivan Steiger (Steiger, S. 131)

- Beispiele für Aber- und Geisterglauben:
  – destruktive Kulte
  – schwarze Magie, okkulte Praktiken, Kaffeesatz- und Kartenlesen, Gesund- und Krankbeterei, Glücksbringer, Pendel u.a.
- Abhängigkeiten darstellen:
  – Mensch als Marionette
  – Fesseln als Zeichen der Unfreiheit
  – Suchtbesessenheiten wie z.B. Spiel-, Geltungs-, Herrsch-, Streit-, Konsumsucht, Kleptomanie...
- Liturgische Elemente, die betont werden können:
  – Sonntägliches Taufgedächtnis
  – Allgemeines Schuldbekenntnis (Vergebungsbedürftigkeit)
  – Kyrie-Rufe: Bekenntnis zu Jesus als dem Heiligen Gottes
  – Antwortpsalm
  – Vater unser (wegen letzter Bitte)

- Gesänge:

GL	270	Kommt herbei
GL	264	Mein ganzes Herz
Hall	13	Aus der Tiefe rufe ich
Hall	84	Zeige uns den Weg
Hall	143	Wes Geistes Kind
Hall	78	Nichts soll dich ängstigen
S	2	Von guten Mächten
S	132	Meine engen Grenzen
S	256	Wir haben Gottes Spuren
S	28	Menschen auf dem Weg
T	7	Vertraut dem Herrn
T	32	Bei Gott bin ich geborgen
T	35	Bonum est confidere

5. Sonntag im Jahreskreis B

Evangelium: Mk 1,29-39	Texterschließung	Gesprächsimpulse
29 In jener Zeit ging Jesus zusammen mit Jakobus und Johannes in das Haus des Simon und Andreas. **30** Die Schwiegermutter des Simon lag mit Fieber im Bett. Sie sprachen mit Jesus über sie **31** und er ging zu ihr, fasste sie an der Hand und richtete sie auf. Da wich das Fieber von ihr und sie sorgte für sie. **32** Am Abend, als die Sonne untergegangen war, brachte man alle Kranken und Besessenen zu Jesus. **33** Die ganze Stadt war vor der Haustür versammelt **34** und er heilte viele, die an allen möglichen Krankheiten litten, und trieb viele Dämonen aus. Und er verbot den Dämonen zu reden; denn sie wussten, wer er war. **35** In aller Frühe, als es noch dunkel war, stand er auf und ging an einen einsamen Ort, um zu beten.	Der Abschnitt dieses Evangeliums verdeutlicht weiter und tiefer, mit welchem Machtanspruch Jesus den Anbruch des Reiches Gottes bewirkt. Hatte Jesus sein erstes Machtzeichen in einer Synagoge gewirkt (vgl. Mk 1,21-28), so setzt er jetzt seine Machtweise vor den Augen der Jünger und auch außerhalb der Synagoge fort. Der Bericht des Evangelisten klingt sachlich und knapp: kein heilendes Wort von Jesus, kein deutendes Wort des Evangelisten. Allein die Handlung spricht so, als ob die Heilung der Schwiegermutter und ihr Dienst (Nachfolge) an Jesus eine Selbstverständlichkeit seien. „Am Abend", also mit Sonnenuntergang, endete die Sabbatruhe. Jetzt waren wieder Arbeit und körperliche Anstrengungen erlaubt. Die ganze Stadt war gekommen und hatte „alle Kranken und Besessenen" zu Jesus gebracht; das lässt auf eine große Menschenmenge schließen. Trotz der Menschenmenge schildert Markus ganz unsensationell, dass Jesus die unterschiedlichsten Krankheiten heilte und viele Dämonen austrieb. Selbst über die Dämonen erweist er sich als Herr; er gebietet – sie haben zu gehorchen. Das Schweigegebot verdeutlicht, dass er als Messias nicht durch die Proklamation von Dämonen offenbart werden will und braucht. Dort, wo man Jesus als spektakulären Wunderheiler bestürmt, dort entzieht er sich den Menschen und dort wendet er sich bewusst Gott im Gebet zu. Dreimal berichtet Markus, dass sich Jesus in der Dunkelheit zum Gebet zurückzog: hier, am Anfang seines Wirkens (Mk 1,35), in der Mitte seines Wirkens (nach dem Gang über	Der Wunsch nach Heilung – wie unterschiedlich kann er sich äußern! Wie und wo haben Sie das in Ihrem Erfahrungsbereich erlebt? ❶ Jesus als Heiler und „Heiland" – wie verstehen und deuten Sie das? ❷ Jesus nutzt nicht die Gunst der Stunde, seine Anhängerschaft zu vergrößern und sich zu „etablieren". Worauf kommt es ihm an? ❷ Bei vielen Menschen mit ihren Fragen und Lebensproblemen hat Jesus Hoffnungen geweckt – und dann nimmt er sich eine Auszeit, „um zu beten". Wie ist das zu verstehen? ❷

5. Sonntag im Jahreskreis B

Texterschließung

Evangelium: Mk 1,29-39

36 Simon und seine Begleiter eilten ihm nach,
37 und als sie ihn fanden, sagten sie zu ihm: Alle suchen dich.
38 Er antwortete: Lasst uns anderswohin gehen, in die benachbarten Dörfer, damit ich auch dort predige; denn dazu bin ich gekommen.
39 Und er zog durch ganz Galiläa, predigte in den Synagogen und trieb die Dämonen aus.

den See: Mk 6,46) und vor dem Ende seines Lebens (im Garten Getsemani: Mk 14,32).

Bezeichnend ist, dass Simon schon zum dritten Mal genannt wird. Die Eile der Jünger verrät, dass sie die Botschaft Jesu noch nicht verstanden haben. Sie haben einen populären Rabbi als Meister, dessen Chancen bei den Leuten (als Wunderheiler) sehr günstig stehen: „Alle suchen dich."

Jesus sucht nicht den persönlichen Erfolg und eine große Anhängerschaft. Er hat den Auftrag, die Botschaft vom Reich Gottes allen Menschen zu predigen. Sein Weg der Verkündigung führt ihn durch ganz Galiläa, dann aber nach Jerusalem in den Kreuzestod. Dies ist die Konsequenz aus seinem Leben als Gottes Sohn mit Gott und mit und für die Menschen.

Gesprächsimpulse

Die Jünger werden zum Sprachrohr der Menschenmenge. Ihre Vorstellungen und Erwartungen an Jesus verrät die leicht vorwurfsvolle Feststellung: „Alle suchen dich." Aus welcher Erwartungshaltung heraus wird Jesus / Gott heute gesucht? ❷

Kranke kommen zu Jesus und suchen Heilung, Trost und Hilfe. Gibt es Vergleichbares in unserer Zeit? Wer schenkt heute den Kranken Trost, Hilfe und Heilung? ❸

Kernaussagen der Lesungen

1. Lesung: Ijob 7,1-4.6-7

Für Ijob ist es ein unlösbares Problem, warum Gott ihn so mit Krankheit und Leid geschlagen hat. Mit seiner Lebensgeschichte wird er zur Symbolgestalt für unzählige Menschen mit ihren schmerzhaften Leidensschicksalen. In seiner persönlichen Verbitterung und Verzweiflung wendet er sich direkt an Gott und stellt ihm die Fragen nach seinem Lebenssinn und Gottes Gerechtigkeit. Ijob bleibt nicht stecken im eigenen Leid, sondern weiß sich zurückgeworfen auf die Tiefe des Glaubens, der allein Heil ermöglicht. So vertraut er sich Gott an.

2. Lesung: 1 Kor 9,16-19.22-23

Für die Aufgabe, allen alles zu werden, muss Paulus sich immer wieder mit all seinen Kräften auf viele neue Menschen einstellen. Aber um welchen Preis? Welchen Lohn kann er dafür erwarten? Der Gewinn dafür lässt sich nicht mit Geld bezahlen. Sein Leben hat andere Werte und Maßstäbe bekommen. Darum „liegt ein Zwang" auf ihm, gerade den Bedrückten und Schwachen das Heil zu verkünden. Dieser Auftrag bleibt ihm immer ein inneres Bedürfnis.

23

5. Sonntag im Jahreskreis B

Grundgedanken für die Feier des Gottesdienstes

- Dämonenaustreibung: Zeichen der „größeren" Vollmacht Jesu.
- Im kranken Menschen Christus sehen und finden!
- Jesus macht heil (im umfassenden Sinn).
- „Alle suchen dich!" Wann und wie suchen wir Gott?

- Welche „Nächte" müssen wir im Gebet verarbeiten?
- Jesus geht gestärkt aus der Einsamkeit des Gebetes in den neuen Tag mit den neuen Aufgaben.
- Die eigenen Kräfte reichen nicht aus. Die innere Bindung an Gott überwindet letztlich Krankheit und Tod.

Fundgrube

- Krankheiten benennen – Heilmittel suchen
- Auswirkungen von Krankheiten auf den Tagesablauf, auf Familie und Freunde
- medizinische Heilpräparate: Hausapotheke, Verbandskasten, Medikamente u.a.
- Heilmittel mit unglaublich „wunder"samer Wirkung: trösten = „wunder"bar Zeit schenken = „wunder"schön Schwache stärken = „wunder"voll
- Die Hand als Heil-mittel!
- Misereor-Hungertuch aus Lateinamerika (von 1992)

- Krankenbesuche, Krankengottesdienste, Sakrament der Krankensalbung, Wallfahrtszüge mit Kranken
- Patenschaften für Kranke: Gebet, Besuche, Besorgungen
- Beispiele caritativer Sorge um Kranke:
  - Krankenhauspflege
  - Interviews mit Krankenpflegepersonal, mit PflegehelferInnen
  - ambulante Hauspflege
- Was enthält eine „Tankstelle" für Christen?
- Liturgische Elemente, die betont werden können:
  - Kyrie-Litanei (nach Modell GL 495) oder Danklitanei nach der Kommunion
  - Hochgebet für Messen für bes. Anliegen IV
  - Ggf. Blasiussegen

- Gesänge:

GL	297	Gott liebt diese Welt
GL	454	Zu dir, o Gott
GL	493	Lob sei dem Herrn
Hall	53	Einer ist unser Leben
Hall	78	Nichts soll dich ängstigen
Hall	84	Zeige uns den Weg
Hall	85	Bleib bei uns, Herr
Hall	124	Alle Knospen springen auf
S	618	Gottes Wort ist wie Licht
T	46	In te confido
T	51	Wer Gott sucht
T	91	Veni lumen cordium (mit Gebet GL 7)

6. Sonntag im Jahreskreis B

Evangelium: Mk 1,40-45	Texterschließung	Gesprächsimpulse
In jener Zeit 40 kam ein Aussätziger zu Jesus und bat ihn um Hilfe, er fiel vor ihm auf die Knie und sagte: Wenn du willst, kannst du mich rein machen, dass ich rein werde. 41 Jesus hatte Mitleid mit ihm, er streckte die Hand aus, berührte ihn und sagte: Ich will es – werde rein! 42 Im gleichen Augenblick verschwand der Aussatz und der Mann war rein.	In diesem Teil des Evangeliums macht der Evangelist keine Orts-, Zeit- oder nähere Situationsangaben. Sofort schließt er die Wundererzählung von der Heilung des Aussätzigen als weiteren Machterweis Jesu an den Text an, der am 5. Sonntag verlesen wurde. Konsequent wird damit das Grundthema, durch Jesus ist das Reich Gottes angebrochen, immer weiter vertieft. Auffällig ist, dass der biblische Text nicht von Heilung, sondern zweimal von „rein sein" spricht. Auch abschließend heißt es, dass er „rein" wurde und das Reinigungsopfer darzubringen hatte. Das damals geltende jüdische Gesetz sonderte die Aussätzigen ab und verbot ihnen, sich Gesunden zu nähern. Gesunden war es ebenso nicht erlaubt, mit Aussätzigen Kontakt zu halten. Jesus verstößt also anscheinend gegen das Gesetz des Mose, indem er den Aussätzigen an sich herankommen lässt, ja ihn sogar bei der Heilung berührt.	Welche Menschen werden heute wie Aussätzige aus der sozialen Gemeinschaft ausgegrenzt? Wie hoch mag die Zahl im eigenen Lebensumfeld sein? Welche Hilfestellungen erfahren sie und wie viele Opfer müssen gebracht werden, um überhaupt „rein" zu werden und als „rein" zu gelten? ❶ Jesus hatte keine Berührungsängste beim Aussätzigen. Was bringt er damit zum Ausdruck (vgl. auch die 1. Lesung)? ❷ Wie gehen wir mit Ausgegrenzten, mit Randgruppen um? Wie nahe dürfen sie uns kommen? ❷ + ❸
43 Jesus schickte ihn weg und schärfte ihm ein: 44 Nimm dich in Acht! Erzähl niemand etwas davon, sondern geh, zeig dich dem Priester und bring das Reinigungsopfer dar, das Mose angeordnet hat. Das soll für sie ein Beweis meiner Gesetzestreue sein.	Das Einschärfen, darüber nicht zu reden, erinnert an das Schweigegebot bei den Dämonenheilungen. Kranke (besonders Aussätzige) galten als von Gott geschlagen; in ihnen wurde das Wirken eines bösen Dämon gesehen. So stand der Aussätzige hier nach dem Gesetz des Mose als offenkundiger Sünder vor Jesus. Jesus will das Gesetz des Mose nicht umgehen. Ihm geht es aber um mehr als um seine Einhaltung. (Der Sabbat ist für den Menschen da und nicht der Mensch für den Sabbat.)	Manche sehen einen Zusammenhang zwischen Krankheit und Schuld ... ❶
45 Der Mann aber ging weg und erzählte bei jeder Gelegenheit, was geschehen war; er verbreitete die ganze Geschichte, so dass sich Jesus in keiner Stadt mehr zeigen konnte;	Der Mensch soll gerettet und in die Lebensgemeinschaft mit den anderen zurückgeführt werden. Deshalb wird der „gereinigte" Aussätzige zum Priester geschickt, dem amtlichen Vertreter des Gesetzes. Das soll auch – oder gerade – ihnen sichtbar als Glaubenszeugnis dienen.	Für das Leben eines Menschen gibt es nichts Besseres, als in einer Gemeinschaft zu leben und kein Außenseiterdasein zu führen. Manchen ist ein solches Leben trotz Gleichheit vor dem Gesetz kaum

6. Sonntag im Jahreskreis B

Evangelium: Mk 1,40-45	Texterschließung	Gesprächsimpulse
er hielt sich nur noch außerhalb der Städte an einsamen Orten auf. Dennoch kamen die Leute von überall her zu ihm.	Trotz Schweigegebots lässt sich das Wirken Jesu nicht mehr verheimlichen; der Geheilte kann dieses Wunder nicht verschweigen. Die Menschen sahen und suchten in Jesus den Wunderheiler. Sie erkannten nicht, dass in seinem Wirken die Machtzeichen der anbrechenden Gottesherrschaft aufleuchteten. Es blieb ihnen verborgen, was auch den Jüngern erst von Ostern her offenbar wurde.	möglich. ❸ Jesus verhält sich nach V. 45 anders, als die Leute – damals wie heute – erwarten. Welche Gründe könnte Jesus dafür haben? ❷

Kernaussagen der Lesungen

1. Lesung: Lev 13,1-2.43ac.44ab.45-46	2. Lesung: 1 Kor 10,31 - 11,1
Das Volk Israel will sich mit dem Gesetz des Mose – unter Berufung auf Gott – aus Angst vor der ansteckenden Krankheit Aussatz schützen. – Die Lesung ist als Verstehenshintergrund für Jesu Verhalten im Evangelium ausgewählt.	„Christus in allem zum Vorbild nehmen", der in seinem Leben Gottes Liebe und Barmherzigkeit sichtbar gemacht hat. Dieses Anliegen von Paulus bedeutet: Allen Menschen wird geholfen, vor allem denen, die ohne Hoffnung sind.

Grundgedanken für die Feier des Gottesdienstes

- Die Heilung (Reinigung) des Aussätzigen und der Umgang mit dem Gesetz des Mose: Zeichen der „größeren" Vollmacht Jesu.
- Statt Aussonderung zum Tode – Hilfe zum Leben.
- „Kommunion" statt – „Exkommunikation" …?

- Dienst am kranken Menschen – nur ein Job?
- „Ich will es – sei rein!" Handeln aus der Liebe Gottes.
- Medizin für einsame Kranke: Fürsorge in christlicher Nächstenliebe.

6. Sonntag im Jahreskreis B

Fundgrube		
• Vom Stamm abgeschnittene Zweige = Trennung vom Lebensstrom = Tod allen Lebens – auch beim Menschen • Antenne errichten, um simulierte SOS-Rufe isolierter Menschen zu empfangen: Außenseiter, Asoziale, Behinderte, Pflegefälle, Krebs- und Aidskranke, Drogenabhängige, Asylanten, Menschen anderer Nationalität, Religion und Hautfarbe usw. • Berichte (Gespräche) von Betroffenen • Bild: Die Heilung des Aussätzigen (Egbert Codex), Wandbild in: Kommt und seht, Nr. 14 • Hilfsorganisationen (Material): – Deutsches Aussätzigen-Hilfswerk – „Amnesty International" – GFM Gesellschaft für Menschenrechte – caritative Beratungsstellen	• Vorbilder christlicher Nächstenliebe: – Franz von Assisi: küsst einen Aussätzigen – Hl. Vinzenz von Paul – Sel. Damian Deveuster, Apostel der Aussätzigen • Texte: – W. Willms: Wussten Sie schon… – Zitat von Heinrich Böll: „Selbst die allerschlechteste christliche Welt würde ich der besten heidnischen vorziehen, weil es in einer christlichen Welt Raum gibt für die, denen keine heidnische Welt je Raum gab: für Krüppel und Kranke, Alte und Schwache, und mehr noch als Raum gab es für sie: Liebe, für die, die der heidnischen wie der gottlosen Welt nutzlos erschienen und erscheinen." • Kreuz in St. Ludgeri, Münster (ohne Hände) mit der Inschrift: Ich habe keine anderen Hände als die Euren. • Berührungen in der Liturgie (Sakramente) • Liturgische Elemente, die betont werden können: – Fürbitten: Überwindung von Isolation – Hochgebet für Messen für bes. Anliegen IV: Jesus, der Bruder aller – Friedensgruß (Fremdheit überwinden) – Feierlicher Schlusssegen	• Gesänge: GL 293 Auf dich allein ich baue GL 298 Herr, unser Herr GL 621 Ich steh vor dir mit leeren Händen GL 622 Hilf, Herr meines Lebens Hall 16 In Ängsten die einen Hall 23 Kommt sagt es allen Hall 52 Liebe ist nicht nur ein Wort S 2 Von guten Mächten S 253 Ubi caritas et amor S 257 Wenn das Brot, das wir teilen T 17 Meine Hoffnung und meine Freude T 39 Du bist der Quell T 51 Wer Gott sucht T 58 Misericordias Domini T 126 Jesus Redemptor

7. Sonntag im Jahreskreis B

Evangelium: Mk 2,1-12	Texterschließung	Gesprächsimpulse
1 Als Jesus nach Kafarnaum zurückkam, wurde bekannt, dass er wieder zu Hause war. 2 Und es versammelten sich so viele Menschen, dass nicht einmal mehr vor der Tür Platz war; und er verkündete ihnen das Wort.	Jesus kehrt nach Kafarnaum zurück. Hier, wo er „zu Hause" ist, war den Menschen seine Macht bekannt, Kranke zu heilen und Dämonen auszutreiben. Entsprechend muss auch der Zulauf der Menschen zu ihm gewesen sein. Aber auch seine Widersacher wissen ihn hier zu finden und die Gelegenheit zu nutzen, ihn in religiöse Streitgespräche zu verwickeln (vgl. die folgenden fünf Streitgespräche von 2,1 - 3,6). Jesus nutzt die Gelegenheit und verkündet der Menge das Wort Gottes.	
3 Da brachte man einen Gelähmten zu ihm; er wurde von vier Männern getragen. 4 Weil sie ihn aber wegen der vielen Leute nicht bis zu Jesus bringen konnten, deckten sie dort, wo Jesus war, das Dach ab, schlugen die Decke durch und ließen den Gelähmten auf seiner Tragbahre durch die Öffnung hinab.	Die Menschenmenge muss so groß gewesen sein und das ganze Haus belagert haben, dass selbst für einen Kranken kein Zugang mehr geschaffen werden konnte.\n\nDie Hartnäckigkeit des Gelähmten und der vier Träger bahnt sich ungewohnte, neue Wege, um zu Jesus durchzukommen.	Lahm oder wie gelähmt sein – Erzählen Sie einander, wie Sie das schon mal erlebt haben... (Auswirkungen, Ursachen, Gefühle) ❶\n\nDer Gelähmte ist auf seine Träger angewiesen. Sie haben unterschiedliche Anliegen und Gründe, zu Jesus vorzudringen... ❷
5 Als Jesus ihren Glauben sah, sagte er zu dem Gelähmten:\n\nMein Sohn, deine Sünden sind dir vergeben!	Jesus sieht diesen ihren Glauben, der alles daransetzt, zu ihm vorzudringen, und sich durch kein Hindernis entmutigen lässt. Jeder erwartet nun, Zeuge der Heilung des Gelähmten zu werden.\nJesus erkennt, dass die Lähmung nicht nur äußerlich ist, sondern auch von einer inneren Haltung bestimmt wird. Deshalb vergibt er ihm, für die Umstehenden völlig überraschend, die Sünden.\nMit keinem Wort ist zuvor ein Zusammenhang (damals gängiger Glaube) zwischen der Lähmung und einer Sündhaftigkeit des Kranken erwähnt worden.\n„Mein Sohn" und „Deine Sünden sind dir vergeben!" Nach jüdischem Glaubensverständnis spricht so nur Gott. Er allein hat die Macht, Sünden zu vergeben.	Wie stark muss der Glaube sein, um dem Gelähmten trotz aller Widrigkeiten und Schwierigkeiten einen Weg zu Jesus zu bahnen?\nWer sind heute solche „Träger"? ❷

7. Sonntag im Jahreskreis B

Evangelium: Mk 2,1-12	Texterschließung	Gesprächsimpulse
6 Einige Schriftgelehrte aber, die dort saßen, dachten im Stillen: 7 Wie kann dieser Mensch so reden? Er lästert Gott. Wer kann Sünden vergeben außer dem einen Gott?	Für den gläubigen Juden mussten diese Worte eine unerhörte Anmaßung, ja Gotteslästerung sein. Der Widerstand der Schriftgelehrten ist vorprogrammiert. Nicht an seiner Lehre, nicht an seinen Heilungen, sondern an dem Anspruch, mit göttlicher Vollmacht Sünden zu vergeben, wie Gott handeln zu können, wird Anstoß genommen. Bereits bei der Heilung des Aussätzigen hat Jesus gezeigt, dass er als Herr auch des Gesetzes ist. Das wird nun vollends deutlich, indem er die Vollmacht des Menschensohnes offenbart in der Vergebung der Sünden. Hier tritt für Jesus zum ersten Mal der Konflikt auf, der ihn später in Jerusalem vor den Obersten Gerichtshof, den Sanhedrin, zum Prozess wegen Gotteslästerung und zum Tod am Kreuz führt.	Die Reaktion Jesu – Sündenvergebung statt Heilung – entspricht wohl kaum den Erwartungshaltungen der Menschen, insbesondere auch der Betroffenen. – Was bringt Jesus mit seiner Reaktion zum Ausdruck? ❷ Die Sündenvergebung Gottes durchbricht den Mechanismus von Anrechnen und Aufrechnen, von Lohn und Strafe. In welchen Situationen des (Glaubens-) Lebens wird dieser bewusst, erfahrbar, durchbrochen? ❸
8 Jesus erkannte sofort, was sie dachten, und sagte zu ihnen: Was für Gedanken habt ihr im Herzen? 9 Ist es leichter, zu dem Gelähmten zu sagen: Deine Sünden sind dir vergeben!, oder zu sagen: Steh auf, nimm deine Tragbahre und geh umher?	Er durchschaut aber ihre Herzen, denn seine Kritiker unterstellen ihm eine bloße Behauptung, deren Konsequenz nicht nachprüfbar ist. Doch er unterstreicht seine Vollmacht zur Sündenvergebung, indem er das scheinbar Schwerere tut und für alle sichtbar den Gelähmten heilt, dessen innere Haltung sich zuerst lösen muss, bevor er körperlich aufstehen kann.	„Ich glaube nur, was ich sehe!" – Das kennen Sie aus eigener Erfahrung. ❶ Dieser Haltung begegnet auch Jesus und reagiert auf eigene Weise… ❷ Wie wirken sich Vergebung und Versöhnung durch Christus aus? ❷
10 Ihr sollt aber erkennen, dass der Menschensohn die Vollmacht hat, hier auf der Erde Sünden zu vergeben. Und er sagte zu dem Gelähmten: 11 Ich sage dir: Steh auf, nimm deine Tragbahre und geh nach Hause! 12 Der Mann stand sofort auf, nahm seine Tragbahre und ging vor aller Augen weg. Da gerieten alle außer sich; sie priesen Gott und sagten: So etwas haben wir noch nie gesehen.	Zum ersten Mal bezeichnet der Evangelist Jesus als Menschensohn. Das ist einmal ein Zeichen dafür, dass für die Gemeinde des Markus die messianische Zeit im Menschen Jesus angebrochen ist; zum anderen, dass in seiner Person noch verborgene Weltenrichter als göttlicher Sohn mit Vollmacht handelt. Wo Gott in das Leben des Menschen einbricht, zeigen sich Furcht und Erstaunen, ja Ekstase. „Da gerieten alle außer sich." Eine Ahnung vom unerhörten Handeln Gottes, das Geheimnis des Gottessohnes, haben sie spüren und erfahren können.	Eine Radierung von Th. Zacharias (s. Fundgrube) öffnet den Blick für den Schluss dieser Heilungsgeschichte: Der Mann trägt die Bahre, auf der er darniederlag, wie eine Last, die zu ihm gehört, wie die Vergangenheit, die er nicht länger verdrängen muss. Deshalb belastet sie ihn nicht mehr, denn Jesus hat ihn mit seiner Vergangenheit angenommen. – Vielleicht können Sie von ähnlichen Erfahrungen erzählen… ❷ + ❸

7. Sonntag im Jahreskreis B

Kernaussagen der Lesungen

1. Lesung: Jes 43,18-19.21-22.24b-25	2. Lesung: 2 Kor 1,18-22
Seit Jahren leben die Israeliten im babylonischen Exil und hoffen verzweifelt auf ihre Rettung. Da sie ihre Untreue gegen Jahwe einsehen, kann der Prophet Jesaja ihnen „Neues", nämlich Vergebung, Heimkehr und Zukunft verheißen. Rückfälle in alte Geschichten sollen nicht mehr irritieren. Habt Vertrauen, denn Neues bricht sich Bahn. Umkehr ist zu jeder Zeit möglich, selbst der Exodus durch die Wüste, weil die Vergebung Gottes einen neuen Anfang setzt. Die Schulden der Vergangenheit sind durch ihn getilgt.	Paulus hat einen versprochenen Besuch in Korinth nicht eingehalten und ist vielleicht der Unwahrhaftigkeit und Doppelzüngigkeit beschuldigt worden. Darum ruft er Gott als Bürgen an, dass er nicht unaufrichtig gehandelt hat. Er denkt von Christus her weiter: In ihm ist das Ja Gottes verwirklicht. Er ist das Ja Gottes zu allen Verheißungen. Er hat den Sinn des Lebens erschlossen, von Schuld befreit, den Schrecken des Todes von uns genommen und uns sein Siegel der Erlösung aufgedrückt.

Grundgedanken für die Feier des Gottesdienstes

- Anbruch des Reiches Gottes: die Vollmacht Jesu zur Sündenvergebung.
- Schuldvergebung und -tilgung.
- Glaube und Sündenvergebung.

- Wunder als Zeichen des Glaubens: Glaube und Heilung des ganzen Menschen.
- Wege der Schuld-Entsorgung.
- Jesus: Gottes versöhnendes, heilendes, richtungsweisendes Wort.

7. Sonntag im Jahreskreis B

	Fundgrube	

- Aufteilen des Evangeliums in Einzelszenen, die von Kindern bei der Vorbereitung des Gottesdienstes auf Folie gemalt werden
- Lähmung durch Sünde / Schuld:
  - Stehaufmännchen: „Schuld" drückt zu Boden – Entlastung richtet auf
  - Person („Klotz am Bein") mit Schuldsteinen (Styropor) belasten
  - Schuldsteine beschriften: persönliche Schuld, z.B. Hass, Neid, Lüge, Streit, Heimtücke… indirekte Schuld, z.B.: Umweltzerstörung, Armut, Terrorismus, Ungerechtigkeit
  - Auszehren und Erlahmen der Kräfte durch seelisches Leid im zwischenmenschlichen Bereich und auch in der Beziehung zu Gott
  - Abhängigkeit / Hilfestellung durch andere Personen
	• Personen in „Träger-", „Schlepptau-Funktion" z.B.:
	  - Abbé Pierre in Paris: zieht die Clochards aus den Schächten der Metro oder unter den Seine-Brücken hoch in das Leben
	  - Pauline von Mallinckrodt: (er-)ziehen von Waisen, Kindergarten-, Schulkindern u.a.
	  - Priester: Zuspruch im Auftrag Jesu (Beichte: „Deine Sünden sind dir vergeben!")
	• Bilder zur Perikope:
	  - Radierung von Th. Zacharias (Folie in: WortBilder)
	  - aus dem Echternacher Kodex (Deutsches Liturgisches Institut, Best.-Nr. 4008, auf einem Gebetszettel für die Krankensalbung)
	  - aus dem Misereor-Hungertuch von 1995 (Folie Nr. 2 „Mirjam" von Sieger Köder)
	  - Das Siegel der Taufe (vgl. 2. Lesung) als heilendes Zeichen für uns
	• In lähmender Aus-Weglosigkeit: Christus als Wegweiser: „Steh auf und geh nach Haus!"
	• Liturgische Elemente, die betont werden können:
	  - Sonntägliches Taufgedächtnis
	  - Kreuzzeichen (Erinnerung an die Taufe)
	  - Schuldbekenntnis, z. B. GL 353,4
	  - Glaubensbekenntnis (vgl. Mk 2,5; 2. Lesung)
	  - Hochgebet für Messfeiern mit Kindern I
	  - Friedensgruß (Friede Christi als Geschenk)
		• Gesänge:
		GL 165 Sag ja zu mir
		GL 275 König ist der Herr
		GL 268 Singt dem Herrn
		GL 289 Herr, deine Güt' ist unbegrenzt
		GL 527,5 Der Herr vergibt die Schuld
		Hall 17 Ohren gabst du mir
		Hall 56 Wir lassen uns auf Jesus ein
		Hall 79 Gott, den wir suchen
		Hall 84 Zeige uns den Weg
		Hall 109 Unsere Hoffnung
		S 132 Meine engen Grenzen
		S 456 Unfriede herrscht
		T 21 Du bist Verzeihen
		T 29 Ostende nobis
		T 32 Bei Gott bin ich geborgen
		T 51 Wer Gott sucht
		T 58 Misericordias Domini
		T 62/67 Eines nur ist mein Verlangen

8. Sonntag im Jahreskreis B

Evangelium: Mk 2,18-22	Texterschließung	Gesprächsimpulse
	Der Text gehört zu den Streitgesprächen am Beginn des Markusevangeliums. In ihnen geht es um das rechte Verhalten in der Nachfolge Jesu, also um Konsequenzen aus dem in Mk 1,14f angesagten Anbruch des Gottesreiches.	Etwas ganz Neues beginnt – Wo und wie haben Sie das schon einmal erlebt? Mit welchen Gefühlen, Bildern… erzählen Menschen davon? ❶
18 Da die Jünger des Johannes und die Pharisäer zu fasten pflegten, kamen Leute zu Jesus und sagten: Warum fasten deine Jünger nicht, während die Jünger des Johannes und die Jünger der Pharisäer fasten? **19** Jesus antwortete ihnen: Können denn die Hochzeitsgäste fasten, solange der Bräutigam bei ihnen ist? Solange der Bräutigam bei ihnen ist, können sie nicht fasten.	Markus spricht von einem freiwilligen, nicht vom Gesetz vorgeschriebenen Fasten. Es war Ausdruck der Demut vor Gott und der Sühne und Bitte. Dass die Jesusjünger darauf verzichten, wirkt anstößig, ist jedenfalls Anlass zur Nachfrage.	
	Hochzeit ist Bildwort für die Zeit des Messias. Die Propheten haben das Verhältnis Gottes zu seinem Volk mit der Ehe verglichen; Gott traut sich Israel an (vgl. die 1. Lesung). Das Bild dient zur Beschreibung der messianischen Zeit, in der dieses Verhältnis Gottes zu seinem Volk die Wirklichkeit prägen und bestimmen wird. Die Jünger sind als Freunde Jesu Gäste bei einem messianischen Geschehen, bei dem nicht Fasten, sondern Freude angesagt ist.	In Jesus ist Gottes Werben um sein Volk und die Menschheit in besonderer Weise menschlich konkret geworden (vgl. 1. Lesung). Woran ist das zu erkennen? Was bedeutet das für mein/unser Leben, für das Kirchenverständnis („Braut Christi"), für das Gemeindeleben und seine Ausstrahlung (vgl. Ruf vor dem Evangelium)? ❸
20 Es werden aber Tage kommen, da wird ihnen der Bräutigam genommen sein; an jenem Tag werden sie fasten.	Trotz des Wissens um die Nähe Gottes in Jesus Christus wird es aber ein christliches Fasten geben. In der Gemeinde des Markus ist es schon Praxis: „Der Bräutigam ist genommen". Die Formulierung „an jenem Tag" nimmt vermutlich Bezug auf einen bestimmten Fasttag. Motiv für dieses Fasten ist die Erinnerung an den Tod Jesu, an sein Genommensein, aber auch die Erwartung seiner Wiederkunft.	Fasten hat aus verschiedenen Gründen (Gesundheit, Schönheit, Umweltschutz…) Konjunktur. Was muss den freiwilligen Verzicht des Christen davon unterscheiden? ❷

8. Sonntag im Jahreskreis B

Evangelium: Mk 2,18-22

21 Niemand näht ein Stück neuen Stoff auf ein altes Kleid; denn der neue Stoff reißt doch vom alten Kleid ab und es entsteht ein noch größerer Riss.
22 Auch füllt niemand neuen Wein in alte Schläuche. Sonst zerreißt der Wein die Schläuche; der Wein ist verloren und die Schläuche sind unbrauchbar. Neuer Wein gehört in neue Schläuche.

Texterschließung

Die neue Nähe Gottes, die in Jesus Wirklichkeit geworden ist (vgl. Mk 1,14f), erfordert eine neue Lebensweise und einen neuen Umgang mit der Fastenpraxis. Für die Zeit Jesu wie für die Zeit nach seinem Tod und seiner Auferstehung. Die Verse lassen etwas von der Spannung spüren, in der christliches Leben steht: Auf der einen Seite steht das Wissen, dass der Bräutigam erschienen ist, dass Neues geschehen und die Heilszeit unwiderruflich angebrochen ist; auf der anderen Seite steht die Erkenntnis, dass überlieferte Ausdrucksformen wie das Fasten – ohne formalistische Enge vollzogen – legitime Weisen sein können, sich immer wieder im Gedenken an Jesus zu öffnen für ein Leben in der Erwartung seiner Wiederkunft, im Ausblick auf die Vollendung mit ihm beim ewigen Hochzeitsmahl.

Gesprächsimpulse

Wein ist Symbol der Heilszeit. Jesus hat den Jüngern eine neue Freiheit gebracht, die neue, an der Liebe Gottes orientierte Lebensweisen verlangt. ❷

Welche Bedeutung haben die Verse für unsere Zeit? Wie steht es um den Reformgeist und die verändernde Kraft des Glaubens und der Kirche heute? Wie prägt der Glaube an Christus, den „Bräutigam", mein Leben? ❸

Kernaussagen der Lesungen

1. Lesung: Hos 2,16b.17b.21-22

Hosea, Prophet des 8. Jahrhunderts, tritt gegen den damals verbreiteten Baalskult auf, in dem Israel seinem Gott untreu wird und den Segen des Landes von den Fruchtbarkeitsgöttern erwartet. Gott gibt nicht auf. Er wird eine Situation herbeiführen, wie sie dem Einzug in das gelobte Land vorausging, um das Volk zur Umkehr zu bewegen. Das Verhältnis zwischen Gott und dem Volk wird nach Art eines Ehebundes gedacht, als eine ewige personale Gemeinschaft. Tätige Liebe, vergebendes Erbarmen und absolute Verlässlichkeit sind die Gaben Gottes, die Zuwendung zu ihm die Antwort des Volkes. Der Bund Gottes mit seinem Volk (und der ganzen Menschheit) mündet in einen ewigen Liebesbund von ungeahnter Lebensfülle. – Die Lesung ist im Hinblick auf die Bezeichnung Jesu als Bräutigam im Evangelium ausgewählt worden, soll also verstehen helfen, was im Leben Jesu geschehen ist und was seine Anwesenheit für die Jünger bedeutet.

2. Lesung: 2 Kor 3,1b-6

Paulus verzichtet für sich auf übliche Empfehlungsschreiben. Der Ausweis seines Apostelseins ist die Gemeinde in Korinth. Er trägt dieses Schreiben in seinem Herzen mit; die Gemeinde ist aber auch durch ihr bloßes Dasein ein Zeichen in der Welt. Urheber ist Christus, Paulus steht nur in seinem Dienst (als Schreiber oder Bote). Werkzeug Christi ist der Heilige Geist, der in die Herzen der Menschen hinein wirkt und ihre „Versteinerung" überwindet. Die Anspielungen auf alttestamentliche Texte (bes. Ex 31,18; 32,16; Jer 31,33) lassen erkennen, dass dieser „Gemeindebrief" für Paulus die steinernen Gesetzestafeln des Mose übertrifft und Paulus als Diener des Neuen Bundes erweist. Die Befähigung dazu stammt von Gott. In diesem neuen, von Christus ermöglichten Bund wirkt Gottes Geist in den Herzen der Menschen und macht fähig, nach seiner Weisung zu leben. – Wenn christliche Gemeinde in dieser Weise „unverkennbar" ein Brief Christi ist, dann wird in ihr das Neue spürbar, von dem auch das Evangelium spricht.

33

8. Sonntag im Jahreskreis B

Grundgedanken für die Feier des Gottesdienstes

- Jesus, der Bräutigam, das neue Tuch – Bildworte für den Anbruch des Gottesreiches.
- Festfreude – Verzicht.
- Jesus: Zeichen der Liebe Gottes zu seinem Volk.
- Jesus ist immer ein neuer Anfang.

- Eucharistie: Vorausbild des ewigen Hochzeitsmahles.
- Kleider, Zeichen auf dem Glaubensweg.
- Gemeinde/Kirche ein Brief Christi.
- (Mit-)Freude, ein Kennzeichen der Glaubenden.

Fundgrube

- Beispiele von Freuden-, Hoffnungsboten
- Beispiele von Menschen, deren Leben(sweise) durch den Glauben an Christus verändert wurde
- Werbung bzgl. Fasten, Diät
- Heilfasten, um offen zu werden
- Mahlszene im Misereor-Hungertuch aus Haiti
- Kleid:
  - Liturgische Gewänder
  - Taufkleid, Erstkommunionkleidung
  - Christus anziehen (Röm 13,14; Gal 3,27; vgl. Eph 4,24)

- Bilder:
  - neuer Flicken auf altem Kleid
  - neuer Wein in alten Schläuchen
  - Wein, Symbol der Freude
  - Hochzeit, Symbol für die Zeit mit Jesus
  - Sieger Köder (Dia in: Bilder zum AT, Nr. 35)
  - A. Manessier, Auferstehung (Dia in: Bilder der Kunst, Nr. 48)
- Empfehlungsschreiben, Brief (vgl. 2. Lesung)
- Liturgische Elemente, die betont werden können:
  - Festlicher Einzug
  - Antwortpsalm
  - Hochgebet singen, Hervorheben des Rufes nach der Wandlung und des abschließenden Amen
  - vgl. die Einladung zur Kommunion („zum Hochzeitsmahl des Lammes geladen")

- Gesänge:

GL	272	Singt das Lied der Freude
GL	273	Singet dem Herrn
GL	298	Herr, unser Herr
GL	519	Komm her, freu dich mit uns
Hall	4	Wir feiern ein Fest
Hall	53	Einer ist unser Leben
Hall	65	Wo Menschen sich vergessen
Hall	117	Komm, lass dieses Fest nicht enden
S	367	Weizenkörner, Trauben
S	271	Unser Leben sei ein Fest
T	16	Preist den Herrn
T	24	Singt dem Herrn ein neues Lied
T	38	Psallite Deo

9. Sonntag im Jahreskreis B

Evangelium: Mk 2,23 - 3,6	Texterschließung	Gesprächsimpulse
23 An einem Sabbat ging Jesus durch die Kornfelder und unterwegs rissen seine Jünger Ähren ab. 24 Da sagten die Pharisäer zu ihm: Sieh dir an, was sie tun! Das ist doch am Sabbat verboten. 25 Er antwortete: Habt ihr nie gelesen, was David getan hat, als er und seine Begleiter hungrig waren und nichts zu essen hatten – 26 wie er zur Zeit des Hohenpriesters Abjatar in das Haus Gottes ging und die heiligen Brote aß, die außer den Priestern niemand essen darf, und auch seinen Begleitern davon gab?	Das Evangelium berichtet vom Umgang Jesu mit dem Sabbatgebot. Markus hat die beiden Erzählungen sicher in die Reihe der Streitgespräche aufgenommen, weil sie ein Problem behandeln, das auch in seiner Gemeinde diskutiert wurde. Es geht in ihnen um Aspekte der befreienden Botschaft Jesu im Anbruch der Gottesherrschaft.	Das Sabbatgebot der Bibel / das Sonntagsgebot der Christen – Welche Erfahrungen, Erinnerungen, Gedanken verbinden Sie mit diesen Stichworten? ❶
	Das Recht der Jünger, Ähren abzureißen, um ihren Hunger zu stillen, wird nicht bestritten. Anstoß erregt, dass sie das an einem Sabbat tun. Ährenrupfen galt als Erntearbeit, die am Sabbat verboten war.	
	Jesu Antwort verweist mit einer Frage auf 1 Sam 21,1-10. Die heiligen Brote mussten jeweils eine Woche lang im heiligen Zelt auf dem Schaubrottisch vor dem Allerheiligsten liegen und dann von den Priestern verzehrt werden (vgl. Lev 24,5-9). Markus weicht vom alttestamentlichen Bericht ab, wenn er betont, dass David sich das Recht nahm, diese Brote in einer Hungersituation mit seinen Gefährten zu essen. Er sagt also nicht nur, dass eine Notsituation vom Einhalten eines Gebotes befreien kann. Vergleichen wird die Autorität des Gottesmannes David mit der Jesu. Jesus stellt das Gesetz nicht grundsätzlich in Abrede. Er nimmt aber für sich in Anspruch, seinen Jüngern gegenüber eine Freiheit einzuräumen, wie es einst David getan hat.	Ab dem 4. Jahrhundert werden von den Christen Formen der Arbeitsruhe allmählich auf den von frühester Zeit an als Gedenktag der Auferstehung mit der Eucharistiefeier begangenen Sonntag übertragen. Diese Praxis wird in der Folge mit dem Sabbatgebot begründet. Welche Maßstäbe gibt uns das Evangelium zum Umgang mit der Sonntagsruhe und dem sog. Sonntagsgebot? ❷
27 Und Jesus fügte hinzu: Der Sabbat ist für den Menschen da, nicht der Mensch für den Sabbat.	In Frage gestellt wird nicht der Sabbat als Gabe des Schöpfers, sondern eine Ausprägung der Sabbatgesetzgebung und -praxis, die dem Liebesgebot nicht entspricht.	

9. Sonntag im Jahreskreis B

Evangelium: Mk 2,23-3,6	Texterschließung	Gesprächsimpulse
28 Deshalb ist der Menschensohn Herr auch über den Sabbat.	Herr des Sabbat ist Gott (vgl. Lev 23.3). In der Bezeichnung als Menschensohn kommt zum Ausdruck, dass der irdische Jesus von Gott zu seinem Handeln bevollmächtigt ist. Er gibt den Jüngern und der späteren christlichen Gemeinde die Maßstäbe für die angemessene Interpretation und Verwirklichung des Sabbatgebotes. Hier wie an anderen Stellen führt er auf den ursprünglichen Schöpferwillen zurück.	Jesus beansprucht, der bevollmächtigte Interpret der von Gott gewollten Schöpfungsordnung zu sein. Wie verstehen Sie diesen Anspruch? ❷ Was von Jesus bezeugt wird, ist Maßstab auch für unseren Umgang mit Traditionen, Gewohnheiten, Regeln und Denkweisen... ❸
1 Als er ein andermal in eine Synagoge ging, saß dort ein Mann, dessen Hand verdorrt war. 2 Und sie gaben Acht, ob Jesus ihn am Sabbat heilen werde; sie suchten nämlich einen Grund zur Anklage gegen ihn.	Lebensgefahr, die ein Eingreifen gerechtfertigt hätte, besteht nicht. Die Gegner Jesu bleiben stumm, beobachten nur. Es wird vorausgesetzt, dass Jesus um ihre Absicht weiß.	
3 Da sagte er zu dem Mann mit der verdorrten Hand: Steh auf und stell dich in die Mitte!	Der Kranke wird mit Jesus in den Mittelpunkt der Aufmerksamkeit aller gerückt.	Jesus ruft den Kranken zu sich und stellt ihn in die Mitte. Was will er damit deutlich machen? ❷
4 Und zu den anderen sagte er: Was ist am Sabbat erlaubt: Gutes zu tun oder Böses, ein Leben zu retten oder es zu vernichten? Sie aber schwiegen.	Jesu Frage geht diesmal seiner Interpretation des Sabbatgebotes im Tun voraus. Angesichts des Schweigens und des Verstocktseins der Gegner wird die Heilung zur Demonstration. Der zweite Teil der Doppelfrage Jesu wäre auch von seinen Gegnern klar zu beantworten gewesen: Leben zu retten war am Sabbat erlaubt. Aber in parallel zu sehenden ersten Teil stellt Jesus Gutes tun der Lebensrettung gleich, wie er auch Böses tun der Lebensvernichtung gleichstellt. Er dehnt das Erlaubte also sehr weit aus. Die Frage hat aber noch eine andere Dimension: Die Gegner Jesu verbieten die Heilung des Menschen am Sabbat, selber aber fassen sie am Sabbat den Entschluss, Jesus zu töten. Auf seine Frage lassen sie sich nicht ein. Sie verschließen sich der Deutung des Gebotes durch den, der in der Wunderheilung seine Vollmacht bekundet.	Welche Konsequenzen ergeben sich, wenn von Jesus und der Rettung und Förderung von Leben im Mittelpunkt unseres Denkens und Handelns stehen? ❸
5 Und er sah sie der Reihe nach an, voll Zorn und Trauer über ihr verstocktes Herz, und sagte zu dem Mann: Streck deine Hand aus! Er streckte sie aus und seine Hand war wieder gesund.		Die vertrocknete Hand und das verstockte Herz können auch hintergründig symbolisch verstanden werden. Ein solches Verständnis löst Fragen aus! ❷

36

9. Sonntag im Jahreskreis B

Evangelium: Mk 2,23–3,6	Texterschließung	Gesprächsimpulse
6 Da gingen die Pharisäer hinaus und faßten zusammen mit den Anhängern des Herodes den Beschluss, Jesus umzubringen.	Die im religiösen und politischen Bereich Mächtigen tun sich zum tödlichen Vorgehen gegen Jesus zusammen. Markus berichtet hier zum ersten Mal von der Absicht, ihn zu töten, die in der Kreuzigung zu ihrem Ziel kommt. Gefordert sind Glaube und Offenheit für die Offenbarung des Gottessohnes. Aber bei den Einflussreichen stößt Jesus mit seiner Deutung des Schöpferwillens auf Unglaube und verstockte Herzen.	Welche aktuelle Bedeutung könnte dieses Evangelium heute für uns haben? (Wen würde Jesus in die Mitte holen? Gibt es unter uns vielleicht ähnliche Fronten wie damals?) ❷ + ❸

Kernaussagen der Lesungen

1. Lesung: Dtn 5,12-15	2. Lesung: 2 Kor 4,6-11
In der Lesung der Zehn Gebote aus dem Buch Deuteronomium nimmt das Sabbatgebot breiten Raum ein und erscheint als Mitte der Gebote. Die Arbeitsruhe am siebten Tag dient der Erinnerung an die Befreiung aus Ägypten. In der Befolgung dieses Gebotes soll für jeden in Israel (sogar für Sklaven und Fremde und für das Vieh) etwas spürbar werden vom befreienden Handeln Gottes, dem sich Israel verdankt. – Jesus knüpft im Sonntagsevangelium daran an und lehnt einengende Vorschriften ab, die der Erfahrung von Befreiung und Rettung im Wege stehen.	Die Bekehrung zum Glauben an Christus ist für Paulus wie eine Neuschöpfung und Erleuchtung. Diesen Glauben zu leben ist nur möglich durch die Kraft Gottes. Im Vertrauen auf diese Kraft sieht er das Leiden, das ihm im Dienst an der Verkündigung widerfährt, als Teilhabe am Leiden Christi. Er nimmt es auf sich in der Gewissheit, dass sich dadurch auch die Lebenskraft des auferstandenen Christus an ihm offenbaren wird. Die Erfahrung des Apostels, selbst in ausweglosen Situationen getragen zu sein, steht allen offen, die sich in die Nachfolge Jesu begeben. – Der Text spricht von derselben befreienden Macht Gottes wie das Evangelium.

Grundgedanken für die Feier des Gottesdienstes

- Gesetz und Evangelium – die befreiende Botschaft Jesu im Anbruch der Gottesherrschaft.
- Der Sabbat/Sonntag ist für den Menschen da (Unser Sonntag): unsere Sonntagskultur: Ruhe und Besinnung, Gemeinschaft mit Gott und den Menschen).
- Erlösung (Rettung, Befreiung) leben können.

- Gott/Christus steht auf der Seite der Notleidenden.
- Die Sonntagsmesse, ein Fest der Befreiung und Hoffnung.
- Gott als Geber und Interpret seiner Weisung für das Leben der Menschen.
- Auf Gottes Kraft vertrauen können (vgl. 2. Lesung: zerbrechliche Gefäße).

9. Sonntag im Jahreskreis B

Fundgrube	
• Bilder der Befreiung und Erlösung aus den Hungertüchern der vergangenen Jahre • Karikatur von Ivan Steiger (in: Steiger, S. 36) • Sonntagsgestaltung (Praxis, Wünsche); Kinderbilder zu ihrem Sonntag • Geschichten: – „Der verlorene Sonntag", in: König, S. 66f – Das höhere Gesetz, in: Hoffsümmer, Kurzgeschichten II, 111	• Umfrage vor dem Gottesdienst: Worauf sich alle am Sonntag freuen? Antworten vor dem Segen vorlesen (vgl. Behnke, S. 25) • „Gesetze", Gewohnheiten, Wertungen hinterfragen auf ihre Menschenfreundlichkeit hin • Tongefäß/-scherben: Nachfolge Jesu – Kraft in zerbrechlichen Gefäßen (vgl. 2. Lesung) • Stundenplan/Schulbücher: Streben nach Wissen und die wichtigste Erkenntnis gem. 2. Lesung • Liturgische Elemente, die betont werden können: – Sonntägliches Taufgedächtnis – Evangelienprozession – vor dem Segen Schlusswort mit Ausblick auf den Sonntag als Ruhetag, Befreiungstag
	• Gesänge: GL 259 Erfreue dich Himmel GL 262 Nun singt ein neues Lied GL 474 Nun jauchzt dem Herren Hall 5 Preis und Ehre Hall 80 Gottes Wort ist wie Licht Hall 84 Zeige uns den Weg Hall 138 Manchmal feiern wir S 76 Andere Lieder S 256 Wir haben Gottes Spuren T 17 Meine Hoffnung und meine Freude T 35 Bonum est confidere T 46 In te confido T 86.6 Kyrie eleison T 108 Kyrie eleison T 126 Jesus Redemptor

10. Sonntag im Jahreskreis B

Evangelium: Mk 3,20–35	Texterschließung	Gesprächsimpulse
In jener Zeit 20 ging Jesus in ein Haus und wieder kamen so viele Menschen zusammen, dass er und die Jünger nicht einmal mehr essen konnten. 21 Als seine Angehörigen davon hörten, machten sie sich auf den Weg, um ihn mit Gewalt zurückzuholen; denn sie sagten: Er ist von Sinnen. 22 Die Schriftgelehrten, die von Jerusalem herabgekommen waren, sagten: Er ist von Beelzebul besessen; mit Hilfe des Anführers der Dämonen treibt er die Dämonen aus. 23 Da rief er sie zu sich und belehrte sie in Form von Gleichnissen: Wie kann der Satan den Satan austreiben? 24 Wenn ein Reich in sich gespalten ist, kann es keinen Bestand haben. 25 Wenn eine Familie in sich gespalten ist, kann sie keinen Bestand haben. 26 Und wenn sich der Satan gegen sich selbst erhebt und mit sich selbst im Streit liegt, kann er keinen Bestand haben, sondern es ist um ihn geschehen. 27 Es kann aber auch keiner in das Haus eines starken Mannes einbrechen und ihm den Hausrat rauben, wenn er den Mann nicht vorher fesselt; erst dann kann er sein Haus plündern.	Den vielen Menschen, deren Interesse Jesus mit seinen Worten und Heilungen geweckt hat, stehen seine Angehörigen gegenüber, die sich verpflichtet fühlen, den „Unsinn" zu Jesu eigenem Vorteil auf handgreifliche Weise abzustellen. Zum Unverständnis der Verwandten kommen Verdächtigung und Ablehnung durch Vertreter aus Jerusalem, der Stadt, in der Jesus getötet werden wird. Ihre erste Behauptung betrifft die Frage, wer Jesus ist: Er ist in ihren Augen ein dämonisch Besessener. Die zweite bezieht sich auf die Herkunft seiner Fähigkeiten: Er wird der Zauberei und des Bündnisses mit dem Teufel beschuldigt. Die Gegner sprechen Jesus nicht direkt an; sie streuen ihre Verdächtigungen aus. Jesus lässt sich auf sie ein, zitiert sie herbei und antwortet auf ihre Argumente. Das geschieht in Gleichnissen. Damit wird von Markus schon angedeutet (vgl. Mk 4,11f), dass sie ihn nicht verstehen werden, weil sie sich nicht im Glauben für ihn öffnen. Jesus weist nach, dass die Vorwürfe absurd und in sich widersprüchlich sind. Wenn Jesus von Krankheit und dämonischen Mächten befreit, erweist er sich als der Stärkere. Die Macht Gottes wird in ihm und durch ihn spürbar, sein Reich wird aufgerichtet, es beginnt die von Gott verheißene Heilszeit.	Angebot und Forderung Jesu bleiben aktuell, damit aber auch die Gefahr, sie als unzumutbar oder verrückt zu erklären oder nach dem gewohnten Normalmaß zurechtzustutzen. Kennen Sie Beispiele dafür, z.B. aus dem Leben von Heiligen oder aus eigenem Erleben? ❶ Was „man" tut oder nicht tut, bestimmt oft unser Handeln. Vielleicht kennen Sie das auch? ❶ Wie steht es um unsere Bereitschaft, in der Nachfolge Jesu befreiend und heilend zu wirken, auch wenn das unvernünftig scheint? ❸ Das Wort Jesu wirft ein Schlaglicht auf die konfessionelle Spaltung der Kirche. Wie sehen Sie das? ❸

10. Sonntag im Jahreskreis B

Evangelium: Mk 3,20-35	Texterschließung	Gesprächsimpulse
28 Amen, das sage ich euch: Alle Vergehen und Lästerungen werden den Menschen vergeben werden, so viel sie auch lästern mögen; 29 wer aber den Heiligen Geist lästert, der findet in Ewigkeit keine Vergebung, sondern seine Sünde wird ewig an ihm haften. 30 Sie hatten nämlich gesagt: Er ist von einem unreinen Geist besessen.	Jesus betont Gottes umfassende Bereitschaft zu vergeben. Sie hat ihre Grenze dort, wo das Vergebungsangebot selber zurückgewiesen wird, wie es in Jesus ergeht. Er ist für Markus der Träger des Geistes Gottes, dem sich die Menschen in Freiheit öffnen müssen. In ihm den Repräsentanten des Bösen zu sehen heißt, sich Gott zu verschließen.	Gottes Wege sind offenbar nicht leicht erkennbar, auch nicht für Fromme und Gelehrte. Wie lauten vergleichbare Deutungen Jesu und seiner Botschaft heute? Wie lässt sich darauf antworten? ❸
31 Da kamen seine Mutter und seine Brüder; sie blieben vor dem Haus stehen und ließen ihn herausrufen. 32 Es saßen viele Leute um ihn herum und man sagte zu ihm: Deine Mutter und deine Brüder stehen draußen und fragen nach dir. 33 Er erwiderte: Wer ist meine Mutter und wer sind meine Brüder? 34 Und er blickte auf die Menschen, die im Kreis um ihn herumsaßen, und sagte: Das hier sind meine Mutter und meine Brüder. 35 Wer den Willen Gottes erfüllt, der ist für mich Bruder und Schwester und Mutter.	Jesus verweigert sich dem Anspruch seiner Verwandten, weil sie dem Willen Gottes nicht entsprechen. Neue, wichtigere Bande entstehen dort, wo Menschen sich auf den Willen Gottes einlassen, wie er von Jesus ausgelegt wird.	Was bedeutet Ihnen die Anrede „Schwestern und Brüder" im Raum der Kirche? ❸ Inwieweit ist die Verhaltensweise Jesu auf Situationen von Menschen in seiner Nachfolge übertragbar? ❷

10. Sonntag im Jahreskreis B

Kernaussagen der Lesungen

1. Lesung: Gen 3,9-15	2. Lesung: 2 Kor 4,13 - 5,1
Der Abschnitt aus der Sündenfallerzählung schildert die Folgen der Sünde und (nur zum Teil) die Reaktion Gottes. Der Mensch hat die Grenze überschritten, die der Schöpfer ihm zu seinem Wohl gesetzt hat. Das wirkt sich auf das Verhältnis des Menschen zu Gott, zu sich selber, zum Mitmenschen und zur Schöpfung (Erkennen der Nacktheit, Verstecken, Wegschieben der Schuld) aus. Das Urteil Gottes spricht vom Verhältnis zwischen Mensch und Schlange. Letztere ist religiöses Zeichen in den Fruchtbarkeitskulten des alten Orients, die für Israel immer wieder eine Versuchung waren. Sie wird daher als Symbol des Bösen und des Unheils angesehen. Das Urteil über sie scheint am Ende einen Sieg des Menschennachwuchses anzudeuten. Es ist deshalb als eine erste Heilszusage Gottes angesehen und messianisch gedeutet worden. – Von diesem Verständnis her werden die Auswahl der Verse und die Zuordnung zum Evangelium verständlich. Der Kampf mit dem Bösen in der ganzen Menschheitsgeschichte wird von Jesus siegreich bestanden. Durch ihn wird der Teufel, überwunden, (vgl. Antwortpsalm und Ruf vor dem Evangelium). Schlange deuten, überwunden, als den späteren biblischen Texte die	Die Verkündigung des Paulus geht aus einem vom Geist gewirkten und von ihm erfüllten Glauben hervor, der ihn mit den Korinthern verbindet. Inhalt seines Bekenntnis ist der Kern christlicher Botschaft, die Auferstehung Jesu, und die darin begründete Hoffnung auf die endzeitliche Auferstehung. Dass immer mehr Menschen die Gnade Gottes annehmen und zu einem vielfältigen, dankbaren Chor von Betern zusammenwachsen, ist sein Ziel. Äußerlich gesehen nimmt die Lebensqualität des Apostels bei seinem Einsatz ab, entscheidend und bleibend ist aber, was innerlich, auf der Ebene der Gottesbeziehung mit ihm geschieht. Das gilt für Paulus wie für alle Menschen. Das irdische Leben ist von Hinfälligkeit und Aufbruch geprägt; endgültige, bleibende Beheimatung und vollendetes Leben ist Geschenk Gottes nach dieser Zeit. – Der Text hat keinen direkten Bezug zu den anderen Schriftlesungen des Sonntags, spricht in anderer Perspektive aber doch von der Verwandlung, die mit dem vor sich geht, der im Sinne des Evangeliums „den Willen Gottes erfüllt" (vgl. auch den Ruf vor dem Evangelium).

Grundgedanken für die Feier des Gottesdienstes

- Jesus, Mensch nach dem Willen Gottes und Narr.
- Jesus, der Stärkere, Überwinder des Bösen und seiner Macht.
- Jesus, unser Bruder.
- Vergebung ist möglich und zugesagt; sie muss gesucht werden.

- Gottes Wille: der Weg Jesu und zu Jesus, er ist nicht immer leicht zu erkennen, und ihn zu gehen kann Anstoß erregen.
- Worauf es ankommt: Gottes Ehre (Ausrichtung auf Gott) und ein ewiges Haus im Himmel (Beschenktwerden von Gott) (vgl. 2. Lesung).

10. Sonntag im Jahreskreis B

	Fundgrube	• Gesänge: GL 170,1.2 Lehre uns, Herr GL 289 Herr, deine Güt ist unbegrenzt GL 505 Du hast uns, Herr GL 519 Komm her, freu dich GL 520 Liebster Jesu GL 521 Herr, gib uns Mut zum Hören GL 671 Lobet den Herren Hall 14f Kyrierufe Hall 72 Hine matov Hall 144 Die Wunder von damals S 132 Meine engen Grenzen S 355 Liebe ist nicht nur ein Wort S 610 Fürchte dich nicht T 5 Bless the Lord T 9 Christus, dein Licht T 10 Laudate Dominum T 18 Confitemini Domino
		• Bilder: – Christus als Löwe (Dia in: Bilder der Kunst, Nr. 14) – Christus als Sieger über den Tod (Dia in: Bilder der Kunst, Nr. 29) • Geschichten: – „Blutsbrüder": Spendel, S. 178 – Der Kampf der beiden Reiche miteinander: Hoffsümmer, Kurzgeschichten III, 82 • Liederschließung (z. B. GL 519-521) • Liturgischer Tanz zum Thema Aussaat (improvisieren oder vorher einüben) • Liturgische Elemente, die betont werden können: – Antwortpsalm (vgl. GL 191,1) – Verkündigung des Evangeliums (Kinder am Ambo, Kerzen) – Glaubensbekenntnis – Taufgedächtnis – Hochgebet für Messfeiern für bes. Anliegen I oder für Kindermessen III (mit Einschub: Buße) – Brotbrechung
		• Bilder/Collagen zu: – gespaltenes Reich – gespaltene Familie • Visionen und Träume vom Reich Gottes malen lassen, evtl. auf Folie oder Dias • Zeitungsmeldungen, -bilder (Collagen) von zerstörerischem, bösem Wirken von Menschen • Sünde als Verweigerung, die dem Menschen schadet; Gegensatz: in der Weise Jesu den Willen Gottes tun • Aussagen von heutigen Menschen über Jesus und seine Bedeutung • Deutung der Anrede „Schwestern und Brüder" – Anknüpfen an übergemeindliche Erfahrung von Kirche • Familienbande: Bedeutung und Relativierung

11. Sonntag im Jahreskreis B

Evangelium: Mk 4,26-34	Texterschließung	Gesprächsimpulse
In jener Zeit sprach Jesus zu der Menge: 26 Mit dem Reich Gottes ist es so, wie wenn ein Mann Samen auf seinen Acker sät. 27 dann schläft er und steht wieder auf, es wird Nacht und wird Tag, der Samen keimt und wächst und der Mann weiß nicht, wie. 28 Die Erde bringt von selbst ihre Frucht, zuerst den Halm, dann die Ähre, dann das volle Korn in der Ähre. 29 Sobald aber die Frucht reif ist, legt er die Sichel an; denn die Zeit der Ernte ist da. 30 Er sagte: Womit sollen wir das Reich Gottes vergleichen, mit welchem Gleichnis sollen wir es beschreiben? 31 Es gleicht einem Senfkorn. Dieses ist das kleinste von allen Samenkörnern, die man in die Erde sät. 32 Ist es aber gesät, dann geht es auf und wird größer als alle anderen Gewächse und treibt große Zweige, so dass in seinem Schatten die Vögel des Himmels nisten können. 33 Durch viele solche Gleichnisse verkündete er ihnen das Wort, so wie sie es aufnehmen konnten. 34 Er redete nur in Gleichnissen zu ihnen; seinen Jüngern aber erklärte er alles, wenn er mit ihnen allein war.	In diesen zwei Gleichnissen zeigt Markus, wie Jesus vom „Reich Gottes" spricht: Jesus benutzt einfache, alltägliche Bilder, die offen sind für Gott. So wird mitten im „normalen" Leben Gottes Handeln erkennbar. Durch Worte und Taten Jesu wird etwas von Gottes guten Plänen mit der Welt sichtbar. Auch wenn sich durch Jesus nur ganz wenig von dem, was Gott mit der Welt vorhat, verwirklicht, so entfaltet dieses wenige (Samen) doch erstaunliche Kraft. Da Gott in Jesus handelt, ist eine Dynamik in Gang gesetzt, die nicht von der Aktivität des Menschen abhängt. Betont dieses Gleichnis, dass durch Jesus ein unumkehrbarer Wachstumsprozess des Guten begonnen wurde, so betont das zweite Gleichnis, dass Großes oft ganz klein beginnt. Was in Jesus und seiner Kirche beginnt, ist vielleicht unscheinbar und klein. Aber es führt zu einem erstaunlichen Ergebnis. Das Bild vom üppigen Baum, in dessen Schatten man bei Vogelgezwitscher ausruhen kann, wirkt faszinierend. Es will, ebenso wie das Bild von der Ernte, Freude an Gott und seinem Reich wecken. Verhüllt und offen zugleich redet Jesus vom Gottesreich. Nur den Jüngern, die mit Jesus unterwegs sind, seinen Weg mitgehen, erschließt sich der volle Sinn.	Menschen sprechen gern in Bildern. Welche fallen Ihnen ein, wenn Sie an Gott und sein Wirken denken? ❶ Tauschen Sie miteinander aus, was Sie an Jesu Gleichnis von der selbst wachsenden Saat (V. 26-29) ärgert oder erfreut. ❷ Trotz vieler Bemühungen sehen und merken wir oft wenig von Gottes guten Plänen mit der Welt. Krieg und Gewalt, auch unter Christen, lassen uns oft fragen: Wo ist denn Gott? Wo wächst Gutes? Kann Jesu Zuversicht uns anstecken? ❸ Bei verschiedenen Gelegenheiten können wir erfahren, wie aus Kleinem und Unscheinbarem Großes wird. ❶ Im unscheinbaren Samenkorn schon sehen, was daraus wächst – auch heute gibt es Menschen, die gegen alle Hoffnung an ihrem großen Ziel festhalten und kleine Schritte tun! ❶ + ❷

11. Sonntag im Jahreskreis B

Kernaussagen der Lesungen

1. Lesung: Ez 17,22-24

Der Text spricht von Gottes Treue zu seinem Volk in einer Zeit äußerster Bedrängnis. Im Bild vom zarten Zweig der Zeder, der neu eingepflanzt wird, ist angedeutet, dass Gott mit seinem Volk einen Neubeginn wagt. – Das Bildmaterial ähnelt dem des Evangeliums.

2. Lesung: 2 Kor 5,6-10

Paulus erinnert daran, dass wir seit unserer Taufe zu Christus gehören. Durch ihn haben wir als Gottes Söhne und Töchter Heimat bei Gott. Daraus schöpft Paulus seine Zuversicht, die auch angesichts des Todes trägt. Glaubend, nicht schauend, geht der Christ seinen Weg.

Grundgedanken für die Feier des Gottesdienstes

Evangelium heißt:
- Wir dürfen Zuversicht haben, auch wenn Unheil, Leid und Tod uns bedrängen und wir nur wenig Gutes bewirken können.
- Gott meint es gut mit uns und hat schon begonnen mit seinen Plänen.
- Dem winzigen Anfang steht die Fülle des Reiches Gottes gegenüber.

Fundgrube

- Geschichte:
  - Der Mann mit den Bäumen: Hoffsümmer, Kurzgeschichten I, 5
  - Wir bekommen nur den Samen: Hoffsümmer, Kurzgeschichten I, 199
- Liedkatechese:
  Einem Senfkorn gleich: Behnke, S. 28f
- Collage mit Begriffen, die das erhoffte Reich Gottes kennzeichnen können
- Erläuterung der Bildworte der 1. Lesung
- Liturgische Elemente, die betont werden können:
  - Antwortpsalm
  - Sanctus
  - vor dem Segen Abschlusswort: Vertrauen auf die Durchsetzungskraft des Reiches Gottes

- Gesänge:

GL	260	Singet Lob unserm Gott
GL	261	Den Herren will ich loben
GL	300	Solang es Menschen gibt
GL	688	Danket dem Herrn
Hall	94,2	Auf der Erde kannst du
Hall	109	Unsere Hoffnung
Hall	113	Ein Funke ist genug
Hall	114	Wenn der Himmel
Hall	124	Alle Knospen
S	255	Kleines Senfkorn
S	626	Der Himmel geht
S	630	Wenn einer alleine
T	35	Bonum est confidere
T	46	In te confido
T	60	O Christe Domine Jesu

- Pantomime:
  Ich bin ganz klein und werde ganz groß
- Aktion:
  Senfkörner betrachten, mitgeben, pflanzen
- Bilder:
  - Senfkorn, Samenkorn, Baum, Weg (auf Tuch gestalten)
  - Diaserie zum Misereor Hungertuch von 1998, Nr. 11
- Spiel:
  Träume von der Gemeinde (auf Luftballon): Laarmann, S. 138

12. Sonntag im Jahreskreis B

Evangelium: Mk 4,35-41	Texterschließung	Gesprächsimpulse
35 An jenem Tag, als es Abend geworden war, sagte Jesus zu seinen Jüngern: Wir wollen ans andere Ufer hinüberfahren. 36 Sie schickten die Leute fort und fuhren mit ihm in dem Boot, in dem er saß, weg, einige andere Boote begleiteten ihn. 37 Plötzlich erhob sich ein heftiger Wirbelsturm und die Wellen schlugen in das Boot, so dass es sich mit Wasser zu füllen begann. 38 Er aber lag hinten im Boot auf einem Kissen und schlief. Sie weckten ihn und riefen: Meister, kümmert es dich nicht, dass wir zugrunde gehen? 39 Da stand er auf, drohte dem Wind und sagte zu dem See: Schweig, sei still! Und der Wind legte sich und es trat völlige Stille ein. 40 Er sagte zu ihnen: Warum habt ihr solche Angst? Habt ihr noch keinen Glauben? 41 Da ergriff sie große Furcht und sie sagten zueinander: Was ist das für ein Mensch, dass ihm sogar der Wind und der See gehorchen?	Mit der Geschichte von der Stillung des Sturmes will Markus zeigen, dass Jesus in der Vollmacht des Schöpfers handelt. Daher ist ihm die Frage am Schluss der Geschichte wichtig: „Was ist das für ein Mensch, dass ihm sogar der Wind und der See gehorchen?"

Mit nur wenigen Worten beschreibt Markus, wie aus einer harmlosen Bootsfahrt eine lebensgefährliche Lage entsteht. Es ist beunruhigend, wie durch den plötzlichen Einbruch der Naturgewalten ein wohlgeordnetes Leben aus der Bahn geworfen wird und in Gefahr gerät, so dass Chaos ausbricht.

Jesus lebt ganz aus dem Vertrauen auf den Schöpfergott. Er weiß sich bei ihm geborgen. So kann er mitten im Chaos schlafen.

Im Schöpfungslied (Gen 1) bannt und ordnet Gott das Chaos allein durch sein Wort. Jesus handelt wie der Schöpfer. In ihm ist Gott gegenwärtig. Das Wunder will zum Glauben und Vertrauen auf Gott einladen, der sich in Jesus zeigt.

Wo Menschen etwas von Gott erfahren, wird ihr Leben umgekrempelt. Das macht unsicher, löst Furcht und Schrecken aus. Erst danach kommen die Freude und das Glück dieser Erfahrung zum Tragen. | Wenn es stimmt, dass ein Ereignis zum Wunder wird, weil sich Menschen über dieses Ereignis wundern und zum Nachdenken über Gott angeregt werden, dann ist es weniger wichtig, ob dieses Ereignis naturwissenschaftlich erklärt werden kann oder nicht! ❶

Einander erzählen, wo und wie Sie schon mal den plötzlichen Einbruch gefährlicher Kräfte im Alltag erlebt haben... ❶

Viele sehen in dem Boot der Jünger ein Bild für die Kirche im Gegenwind... ❷

Wenn Sie versuchen, sich in die Situation der Jünger im Boot hineinzuversetzen: Wie sehen Sie das Verhalten der Jünger? Wie verstehen Sie Jesu Fragen in Vers 40? ❷

Von Johannes XXIII. stammt der Satz: Wer glaubt, zittert nicht. Kennen Sie Beispiele, die das belegen? ❸

Was bedeutet der Glaube an den Schöpfer für unser Leben? ❸
Wer ist Jesus für uns? ❸ |

12. Sonntag im Jahreskreis B

Kernaussagen der Lesungen

1. Lesung: Ijob 38,1.8-11

In dem Buch Ijob wird so radikal wie in keinem anderen Buch der Bibel um eine Antwort auf die Fragen gerungen, die das Leiden aufwirft. Ijob entlarvt alle Antworten als unzulänglich. Da offenbart sich ihm Gott als Schöpfer von Himmel und Erde, dessen Größe und Macht menschlichem Denken unbegreiflich bleibt. Die Lesung ist ein Ausschnitt dieser Gottesoffenbarung. Sie lädt, wie das Evangelium, ein zum Vertrauen auf die Schöpfermacht Gottes.

2. Lesung: 2 Kor 5,14-17

Paulus redet von der Liebe Jesu, die am Kreuz offenbar wurde. Sie ist die alles entscheidende Macht. Die Kraft dieser Liebe ist so groß, dass sie eine neue Schöpfung bewirkt. Paulus will Mut machen, sich darauf einzulassen. Dann kann die Liebe Christi auch im eigenen Leben alle dunklen und bedrohlichen Kräfte verwandeln zu einer neuen Schöpfung.

Grundgedanken für die Feier des Gottesdienstes

Evangelium heißt:
- In Jesus dürfen wir Gott erkennen, der aus Unheil, Chaos und Tod retten kann.
- Wer an Gott, den Schöpfer, glaubt, weiß sich geborgen in Dunkelheit und Not des Lebens.
- Vertrauen und Liebe überwinden die Angst.

Fundgrube

- Collage: Chaos und Leben in Frieden
- Sprachbilder: z.B.: „Das Wasser steht mir bis zum Hals"
- Gesten/Haltungen: als Ausdrucksformen der Ehrfurcht (z.B. knien)
- Symbolworte: Wind, Sturm, Wellen, Boot, ausgestreckte Hand
- Pantomime: vorher – Angst/Wellen nachher – Ruhe/Geborgenheit
- Liedkatechese: „Ein Schiff, das sich Gemeinde nennt"
- Bilder zur Perikope:
  – Wandbild in: Kommt und seht, Nr. 16
  – Sieger Köder in: Bilder der Bibel
  – aus dem Egbert-Kodex: Kunstverlag Maria Laach, Nr. 5505 [Kartei], 7505 [Bildchen]
- Liturgische Elemente, die betont werden können:
  – Kyrie-Rufe, die Vertrauen auf die Macht Jesu zum Ausdruck bringen, ggf. als Teil des Allgemeinen Schuldbekenntnisses
  – Glaubensbekenntnis (vgl. Mk 4,40)
  – Fürbitten für Menschen, in deren Leben die „Chaosmächte" bes. eingefallen sind; dabei Weihrauchkörner auflegen (Vertrauen auf Erhörung)
  – Hochgebet für Messfeiern mit Kindern III

- Gesänge:

  GL 227 Danket Gott
  GL 291 Wer unterm Schutz
  GL 304 Zieh an die Macht
  EG 604 Ein Schiff, das sich Gemeinde nennt
  Hall 78 Nichts soll dich ängsten
  Hall 82 Gottes Liebe
  Hall 85 Bleib bei uns
  Hall 86 Herr, bleibe bei uns
  S 2 Von guten Mächten
  S 139 Wie ein Vogel
  S 281 Menschen auf dem Weg
  T 17 Meine Hoffnung
  T 32 Bei Gott bin ich geborgen
  T 126 Jesus Redemptor

13. Sonntag im Jahreskreis B

Evangelium: Mk 5,21-43	Texterschließung	Gesprächsimpulse
In jener Zeit 21 fuhr Jesus im Boot an das andere Ufer des Sees von Galiläa hinüber und eine große Menschenmenge versammelte sich um ihn. Während er noch am See war, 22 kam ein Synagogenvorsteher namens Jairus zu ihm. Als er Jesus sah, fiel er ihm zu Füßen 23 und flehte ihn um Hilfe an. Er sagte: Meine Tochter liegt im Sterben. Komm und leg ihr die Hände auf, damit sie wieder gesund wird und am Leben bleibt. 24 Da ging Jesus mit ihm. Viele Menschen folgten ihm und drängten sich um ihn.	Der Evangelientext ist kunstvoll und dramatisch zusammengefügt aus zwei Wunderberichten. Dabei zeigt Markus seinen Lesern Jesus als Herrn über Krankheit und Tod. Der Gott, der in Jesus aufscheint, will das Heil und das Leben der Menschen. Trotz des großen Trubels nimmt sich Jesus Zeit, das Anliegen und die Not eines Einzelnen zu hören. So kommt es zur Begegnung von Jesus und Jairus. Jairus traut Jesus die Heilung seiner tödlich erkrankten Tochter zu. Die Not des Jairus ist Jesus so wichtig, dass er sich ihm ganz zuwendet.	Der Text behauptet, dass der Glaube Leben schenken und heilen kann. Wie sehen Sie das? Was trauen wir dem Glauben an Gott zu? ❶
25 Darunter war eine Frau, die schon zwölf Jahre an Blutungen litt. 26 Sie war von vielen Ärzten behandelt worden und hatte dabei sehr viel zu leiden; ihr ganzes Vermögen hatte sie ausgegeben, aber es hatte ihr nichts genutzt, sondern ihr Zustand war immer schlimmer geworden. 27 Sie hatte von Jesus gehört. Nun drängte sie sich in der Menge von hinten an ihn heran und berührte sein Gewand. 28 Denn sie sagte sich: Wenn ich auch nur sein Gewand berühre, werde ich geheilt.	Die Not der Frau wird besonders eindrucksvoll beschrieben. Nach all den Enttäuschungen ist Jesus die einzige Hoffnung der Frau. Von Jesus erwartet die Frau Heilung. Sie sieht in ihm eine Art Wunderdoktor und hofft auf die magische Kraft der Berührung. Die große, magisch eingefärbte Erwartung der Frau, wird (erstaunlicherweise) erfüllt. Jesus kommt es auf die Begegnung mit der Frau an. Er will ihren noch ungeklärten Glauben weiterführen. Das Wunder ist für ihn nur ein Anlass, die Frau tiefer in den Glauben zu führen.	Not und Leid können Hilfe zum Gebet oder Fels des Unglaubens sein. ❶ Wir können uns in die Szene hineinversetzen und genau auf die Frau und auf Jesus hinschauen: was sie tun, denken, fühlen… ❷ Was erscheint uns unverständlich? Was ist uns wichtig? ❷

47

13. Sonntag im Jahreskreis B

Evangelium: Mk 5,21-43	Texterschließung	Gesprächsimpulse
29 Sofort hörte die Blutung auf und sie spürte deutlich, dass sie von ihrem Leiden geheilt war. 30 Im selben Augenblick fühlte Jesus, dass eine Kraft von ihm ausströmte, und er wandte sich in dem Gedränge um und fragte: Wer hat mein Gewand berührt? 31 Seine Jünger sagten zu ihm: Du siehst doch, wie sich die Leute um dich drängen, und da fragst du: Wer hat mich berührt? 32 Er blickte umher, um zu sehen, wer es getan hatte. 33 Da kam die Frau, zitternd vor Furcht, weil sie wusste, was mit ihr geschehen war; sie fiel vor ihm nieder und sagte ihm die ganze Wahrheit. 34 Er aber sagte zu ihr: Meine Tochter, dein Glaube hat dir geholfen. Geh in Frieden! Du sollst von deinem Leiden geheilt sein. 35 Während Jesus noch redete, kamen Leute, die zum Haus des Synagogenvorstehers gehörten, und sagten zu Jaïrus: Deine Tochter ist gestorben. Warum bemühst du den Meister noch länger? 36 Jesus, der diese Worte gehört hatte, sagte zu dem Synagogenvorsteher: Sei ohne Furcht; glaube nur! 37 Und er ließ keinen mitkommen außer Petrus, Jakobus und Johannes, den Bruder des Jakobus. 38 Sie gingen zum Haus des Synagogenvorstehers. Als Jesus den	Die Frau galt wegen ihrer Blutung als unrein. Sie war vom Gottesdienst ausgeschlossen. Nach herkömmlicher Meinung hatte sie durch ihre Berührung auch Jesus, den Mann Gottes, unrein gemacht. Daher die Furcht der Frau. Jesus schreibt dem Glauben der Frau, der in ihrem ungewöhnlichen Tun zum Ausdruck kommt, die Heilung zu. Durch das Gespräch mit der Frau ist kostbare Zeit verloren gegangen. Das Mädchen ist gestorben. Die Hoffnung des Jaïrus auf Heilung seiner Tochter gerät in eine Krise. Jesus stärkt den angefochtenen Glauben des Jaïrus.	Einfallsreich und mutig ist der Glaube dieser Frau. Ein solcher Glaube kann helfen und heilen. Vielleicht haben wir Ähnliches auch schon mal erlebt… ❷+❸ Wie gehen wir mit Enttäuschungen um? – Wer stärkt unseren Glauben? Was stärkt unseren Glauben? ❸ „Sei ohne Furcht; glaube nur!" – Welche Gedanken, Gefühle, Erinnerungen weckt dieses Wort Jesu?! ❷+❸

13. Sonntag im Jahreskreis B

Textabschnitt	Texterschließung	Gesprächsimpulse
Lärm bemerkte und hörte, wie die Leute laut weinten und jammerten, 39 trat er ein und sagte zu ihnen: Warum schreit und weint ihr? Das Kind ist nicht gestorben, es schläft nur. 40 Da lachten sie ihn aus. Er aber schickte alle hinaus und nahm außer seinen Begleitern nur die Eltern mit in den Raum, in dem das Kind lag. 41 Er fasste das Kind an der Hand und sagte zu ihm: Talita kum!, das heißt übersetzt: Mädchen, ich sage dir, steh auf. 42 Sofort stand das Mädchen auf und ging umher. Es war zwölf Jahre alt. Die Leute gerieten außer sich vor Entsetzen. 43 Doch er schärfte ihnen ein, niemand dürfe etwas davon erfahren; dann sagte er, man solle dem Mädchen zu essen geben.	In den Augen Jesu scheint der Tod nicht mehr zu existieren. Der Tod ist für Jesus im Vertrauen auf die Liebe Gottes schon überwunden. So wie Gott als Schöpfer Totes zum Leben ruft, so ruft Jesus durch sein Wort das Mädchen zum Leben. In Jesus leuchtet Gott auf, der Leben schenkt. Da Jesus erst Ostern als Herr des Lebens offenbar wird, soll das Schweigegebot vor Missverständnissen schützen.	In Jesus leuchtet Gott auf, der Leben schenkt. – Der Evangelist lädt uns ein, aus dieser Ostererfahrung zu leben... ❸ Die Lebensmacht Jesu wird erst in der Kreuzesnachfolge offenbar. Was macht es für uns schwer, was macht es leicht, diesen Weg zu gehen? ❸

Kernaussagen der Lesungen

1. Lesung: Weish 1,13-15; 2,23-24	2. Lesung: 2 Kor 8,7.9.13-15
Eine Meditation über Gott den Schöpfer: Gott will das Leben und das Heil des Menschen und der ganzen Schöpfung, nicht aber Unheil, Leid und Tod. Wir müssen uns entscheiden, ob wir zu Gott, der unser unvergängliches Leben will, oder zu seinem Tod und Verderben bringenden Widersacher gehören wollen. Den lebensfreundlichen Gott bezeugt auch das Evangelium.	Paulus lädt die Christen in Korinth ein zu einer Solidaritätskollekte für die notleidenden Christen in Jerusalem. Er erinnert an die Liebe Jesu, der arm wurde, um uns reich zu machen. Wer an Christi Liebe glaubt, muss zu Werken der Liebe bereit sein. – Glaube wirkt, auch als Ermutigung zu Liebeswerken, heilend!

13. Sonntag im Jahreskreis B

Grundgedanken für die Feier des Gottesdienstes	
- Der Herr schenkt Leben. - Steht auf und lebt!	- Unser Glaube kann auch durch Not und Enttäuschung klarer und reifer werden. - Bittet und ihr werdet empfangen.

Fundgrube

- Hilfswerke der Kirche (2. Lesung)
- Gestaltung des Glaubensbekenntnisses: Behnke, S. 34
- Sinn des Kreuzzeichens erschließen: sich berühren (lassen) mit dem Zeichen Christi
- Liturgische Elemente, die betont werden können:
  - Kyrie-Litanei zum Einzug (z. B. nach Modell GL 495) mit Anrufungen Jesu auf der Basis der Schriftlesungen
  - Gloria
  - Besondere Gestaltung der Fürbitten
  - Dankmotive vor der Präfation
  - Hochgebet für Messfeiern mit Kindern III (mit erstem Einschub: Osterzeit)
  - Jesus-Litanei nach der Kommunion (vgl. GL 765)

- Gesänge:

GL	297	Gott liebt diese Welt
GL	553	Du König auf dem Kreuzesthron
GL	634	Dank sei dir Vater
GL	637,2	Lasst uns loben
GL	616	Mir nach
Hall	53	Einer ist unser Leben
Hall	118	Es werde hell
S	256	Wir haben Gottes Spuren
S	281	Menschen auf dem Weg
S	618	Gottes Wort ist wie Licht
T	1	Im Dunkel unser Nacht
T	9	Christus, dein Licht
T	29	Ostende nobis
T	102	Denk daran…
T	127	Hell brennt ein Licht

- Geschichte:
 Der Seiltänzer: Hoffsümmer, Kurzgeschichten I, 90
- Gesten:
 Segensgestus der Handauflegung
- Bilder:
  - Stuttgarter Psalter zu Ps 43
  - Barlach, Russische Bettlerin
  - Heilungswunder (Folie / Dia in: Seht das Wort, Nr. 6)
- Wandbild zur Perikope in: Kommt und seht, Nr. 15
- Symbole/Zeichen:
  - Osterkerze
  - Hände (Schutz, Stärke, Hilfe)
  - Schlaf als Bild des Todes

14. Sonntag im Jahreskreis B

Evangelium: Mk 6,1b-6	Texterschließung	Gesprächsimpulse
In jener Zeit **1b** kam Jesus in seine Heimatstadt, seine Jünger begleiteten ihn. **2** Am Sabbat lehrte er in der Synagoge. Und die vielen Menschen, die ihm zuhörten, staunten und sagten: Woher hat er das alles? Was ist das für eine Weisheit, die ihm gegeben ist! Und was sind das für Wunder, die durch ihn geschehen!	Markus will in seinem Evangelium zeigen: Verstehende Begegnung mit Jesus ist Begegnung mit dem Gekreuzigten und Auferstandenen. Ohne die Ostererfahrung kann Jesus nicht wirklich in den Blick kommen.	
3 Ist das nicht der Zimmermann, der Sohn der Maria und der Bruder von Jakobus, Joses, Judas und Simon? Leben nicht seine Schwestern hier unter uns? Und sie nahmen Anstoß an ihm und lehnten ihn ab. **4** Da sagte Jesus zu ihnen: Nirgends hat ein Prophet so wenig Ansehen wie in seiner Heimat, bei seinen Verwandten und in seiner Familie.	Die Ablehnung Jesu in seiner Heimatstadt ist daher für Markus eine gute Gelegenheit zu verdeutlichen: Jesus begegnet man noch nicht, wenn man nur auf seine Lehre achtet. Jesus begegnet man noch nicht, wenn man nur auf seine Wunder schaut. Jesus begegnet man noch nicht, wenn man nur seine Herkunft, Lebensumstände und geschichtlichen Hintergründe kennt.	In Ihrem Kreis wird es verschiedene Sichtweisen von Jesus und verschiedene Zugänge zu ihm geben. Tauschen Sie sich darüber aus. ❶ Was erwarten Sie von Jesus? ❸

Gott lässt sich in Jesus auf unser Leben ein. Was macht es leicht / schwer, ihm dort zu begegnen? ❸ |
| | Jesus begegnet man erst, wenn man sich auf seine Niedrigkeit, sein Kreuz und seine Auferstehung einlässt und Jesu Weg mitgeht. Eine verstehende Begegnung mit Jesus eröffnet nur der Glaube. | Wer den Weg des Evangeliums geht, muss mit Unverständnis und Widerspruch rechnen – damals wie heute. ❷ + ❸ |
| **5** Und er konnte dort kein Wunder tun; nur einigen Kranken legte er die Hände auf und heilte sie. **6** Und er wunderte sich über ihren Unglauben. Und Jesus zog durch die benachbarten Dörfer und lehrte dort. | Wunder, so betont Markus, sind nur möglich, wo Menschen glauben. | |

14. Sonntag im Jahreskreis B

Kernaussagen der Lesungen

1. Lesung: Ex 1,28b - 2,5	2. Lesung: 2 Kor 12,7-10
Bei der Berufung des Propheten Ezechiel wird diesem deutlich, dass die Botschaft Gottes, die der Prophet ausrichten soll, bei den Zuhörern auf Ablehnung stoßen wird. – Jesus geht es ganz ähnlich wie dem Propheten.	Paulus weiß sich von Gott berufen. Trotz offenkundiger Schwächen kann Gott durch Paulus wirken. Paulus zieht daraus Konsequenzen: Er braucht seine Schwäche nicht zu verleugnen und weiß, dass Gott auch in Not und Verfolgung zu ihm steht. Vertrauen auf Gottes Beistand und Gegenwart, gerade in Erniedrigung und Not, verbindet Paulus mit Jesus.

Grundgedanken für die Feier des Gottesdienstes

- Wir dürfen Jesus/Gott im Alltag begegnen.
- Wunder erleben im Glauben
- Mit Widerstand leben.

- Wer Jesus nachfolgt, gewinnt einen anderen Blick auf das Leben.
- Im Glauben an Jesus können Schwäche und Leiden verwandelt werden.

Fundgrube

- Collage:
  - Was ist an Jesus anstößig, was faszinierend?
  - Was ist an der Kirche Jesu anstößig, was faszinierend?
- Bilder:
  - verschiedene Jesusbilder
  - übermalte Christus-Ikone von A. Rainer (Dt. Lit. Inst., Best.-Nr. 3051, als Gemeindezettel für einen Bußgottesdienst)
  - Karikatur von Ivan Steiger (Steiger, S. 282)

- Sprechszene: Behnke, S. 35 oder: Szene aus dem Leben des hl. Paulus spielen (2. Lesung)
- Beispiele: Franziskus, Charles de Foucauld...
- Glaubenszeugnisse: Jesus ist für mich ...
- Liturgische Elemente, die betont werden können:
  - zur Eröffnung oder nach der Kommunion GL 564
  - Kyrie-Prädikationen auf dem Hintergrund des Evangeliums
  - Evangeliar (als Hörer versammelt wie die Leute damals)
  - Glaubensbekenntnis (Zustimmung)
  - Fürbitten um Erkenntnis Christi für Ungläubige, Suchende, Zweifelnde...

- Gesänge:

GL	270	Kommt herbei
GL	617	Nahe wollt der Herr uns sein
GL	643	O Jesu Christe
Hall	17	Ohren gabst du mir
Hall	55	Herr, erwecke deine Kirche
Hall	69	Was keiner wagt
Hall	84	Zeige uns den Weg
S	132	Meine engen Grenzen
T	9	Christus, dein Licht
T	46	In te confido
T	60	O Christe Domine Jesu

15. Sonntag im Jahreskreis B

Evangelium: Mk 6,7-13	Texterschließung	Gesprächsimpulse
In jener Zeit 7 rief Jesus die Zwölf zu sich und sandte sie aus, jeweils zwei zusammen. Er gab ihnen die Vollmacht, die unreinen Geister auszutreiben, 8 und er gebot ihnen, außer einem Wanderstab nichts auf den Weg mitzunehmen, kein Brot, keine Vorratstasche, kein Geld im Gürtel, 9 kein zweites Hemd und an den Füßen nur Sandalen. 10 Und er sagte zu ihnen: Bleibt in dem Haus, in dem ihr einkehrt, bis ihr den Ort wieder verlasst. 11 Wenn man euch aber an einem Ort nicht aufnimmt und euch nicht hören will, dann geht weiter und schüttelt den Staub von euren Füßen, zum Zeugnis gegen sie. 12 Die Zwölf machten sich auf den Weg und riefen die Menschen zur Umkehr auf. 13 Sie trieben viele Dämonen aus und salbten viele Kranke mit Öl und heilten sie.	Der Text führt die Berufungsgeschichte (Mk 1,16-20) und die Konstituierung des Zwölferkreises (Mk 3,13-19) weiter. Wenn Markus von der Aussendung der Zwölf berichtet, denkt er auch an die Wanderapostel der jungen Kirche, die überall auf der Welt das neue Gottesvolk sammeln. Vor allem aber denkt er an „seine" Gemeinde. Markus ist an der Aussendung wichtig zu zeigen: Sie werden zu zweien ausgesandt, weil nur ihr gemeinsames und einmütiges Zeugnis glaubwürdig ist. Auch vor Gericht galt eine Aussage nur dann als wahr und eindeutig, wenn sie von mindestens zwei Leuten bezeugt wurde. Sie sollen aus dem Vertrauen auf Gott leben und können sich darum nicht durch Geld oder materielle Vorsorge absichern wollen. Sie sollen die Einladung Gottes aussprechen und in die Entscheidung rufen, nicht aber ihren Vorteil suchen. Sie sollen die befreiende und heilende Kraft des Glaubens erfahrbar machen.	Wir leben heute nicht in der Situation der Apostel. Daher können wir die Anordnungen Jesu nicht einfach auf uns übertragen. Doch können wir uns von ihnen befragen lassen: – Wofür stehen Christen heute einmütig und glaubwürdig ein? – Wie ist unser Verhältnis zu Besitz und Geld? – Wo wird in unserer Gemeinde die heilende und befreiende Kraft des Glaubens erfahrbar? ❷ + ❸ Sie können auch an pastorale Aufgaben und gemeindliche Praxisfelder der denken und überlegen, wie sich Jesu Anordnungen darauf auswirken, z.B. auf die Erstkommunionvorbereitung… ❷ + ❸

Kernaussagen der Lesungen

1. Lesung: Am 7,12-15	2. Lesung: Eph 1,3-14
Der Prophet Amos versteht sich als von Gott berufen und gesendet. So handelt er im Auftrag und Namen Gottes und stößt, wie viele Propheten, auf Ablehnung und Feindschaft. – Ähnlich wie Gott Propheten beruft und sendet, beruft und sendet Jesus die Zwölf. Auch sie müssen mit Ablehnung rechnen.	Paulus erinnert die Gemeinde in Ephesus daran, dass sie von Gott auserwählt und berufen ist. Gott hat sie durch das Gnadengeschenk des Heiligen Geistes ausgerüstet für ihren Auftrag in der Welt: dem Lob und der Verherrlichung Gottes. So ist die ganze christliche Gemeinde prophetisch geprägt.

15. Sonntag im Jahreskreis B

Grundgedanken für die Feier des Gottesdienstes

- Als Getaufte und Gefirmte sind wir berufen und auserwählt, Gottes Güte im Leben zu bezeugen.
- Wir sind Kirche – auf Grund der Sendung der Apostel.
- Gott ruft und sendet auch heute.

- Wer an Gottes Güte glaubt, wird entsprechend leben.
- Glaube heilt?!
- Umkehr und Heilung

Fundgrube

- **Symbol/Zeichen:**
  - Leben nach den „Evangelischen Räten"
  - Salbung bei der Feier der Sakramente
- **Geschichte:**
  - Lebenslauf des einen oder anderen Heiligen/Pfarrpatron als Zeuge für Jesus
- **Bilder:**
  - Porträts von von Aposteln und anderen Heiligen als Zeugen für Jesus
  - Übergabe des Evangeliums, Wandbild in: Kommt und seht, Nr. 46
  - Aussendung der 12 bzw. 72 Jünger

- **Spiel:**
  - Bote sein (Was nehmen wir mit? Was ist unser Anliegen?)
- Wanderstab / Sandalen erzählen lassen
- Fußabdrücke, die vom Altar ausgehen
- Den Propheten Amos vorstellen
- Liturgische Elemente, die betont werden können:
  - Zeichenelemente bei der Wortverkündigung (das apostolische Wort kommt zu uns)
  - Fürbitten für die Verkündiger und für Geplagte im Sinne von Mk 6,13
  - Hochgebet IV
  - Friedensgruß (Glauben geschieht in Gemeinschaft)
  - Abschlusswort vor dem Segen: das in der Christusgemeinschaft Erfahrene weitergeben können
  - besondere Betonung des Entlassgrußes: Gehet hin in Frieden

- **Gesänge:**
  - GL 249 Der Geist des Herrn
  - GL 610 Gelobt sei Gott
  - GL 641 Gleich wie mich mein Vater
  - GL 644 Sonne der Gerechtigkeit
  - Hall 1 Singt dem Herrn
  - Hall 71 Wir gehen aufeinander zu
  - Hall 142-147 Lieder vom Hl. Geist
  - S 256 Wir haben Gottes Spuren
  - S 355 Liebe ist nicht nur ein Wort
  - T 36 Spiritus Jesu Christi
  - T 39 Du bist der Quell des Lebens
  - T 54 Gott aller Liebe
  - T 62/67 Eines nur ist mein Verlangen

16. Sonntag im Jahreskreis B

Evangelium: Mk 6,30-34	Texterschließung	Gesprächsimpulse
In jener Zeit 30 versammelten sich die Apostel, die Jesus ausgesandt hatte, wieder bei ihm und berichteten ihm alles, was sie getan und gelehrt hatten. 31 Da sagte er zu ihnen: Kommt mit an einen einsamen Ort, wo wir allein sind, und ruht ein wenig aus. Denn sie fanden nicht einmal Zeit zum Essen, so zahlreich waren die Leute, die kamen und gingen. 32 Sie fuhren also mit dem Boot in eine einsame Gegend, um allein zu sein. 33 Aber man sah sie abfahren und viele erfuhren davon; sie liefen zu Fuß aus allen Städten dorthin und kamen noch vor ihnen an. 34 Als er ausstieg und die vielen Menschen sah, hatte er Mitleid mit ihnen, denn sie waren wie Schafe, die keinen Hirten haben. Und er lehrte sie lange.	Der Text ist ein Sammelbericht, der die Aussendung (Mk 6,6-13) abschließt und zum Brotwunder überleitet. Die Apostel berichten Jesus von ihren Erfahrungen, die sie bei ihrer Missionstätigkeit, die sich in lehrendem Wort und heilender Tat vollzog, gesammelt haben. Gemeinsam mit Jesus wollen sie sich in die Einsamkeit (zum Gebet) zurückziehen, um neue Kraft zu schöpfen. Im Blick auf „seine" Gemeinde will Markus zeigen: Je anstrengender der Verkündigungsdienst ist, um so wichtiger werden Stille (und Gebet). Kamen die Leute vor ihnen an, weil Jesus mit den Zwölfen auf dem See zum Kraftschöpfen und zum Gebet angehalten hat? In V. 30f hat sich Jesus als „guter Hirt" der Zwölf gezeigt. Nun zeigt er sich als „guter Hirt" der Vielen, der die versprengten Schafe des Hauses Israel sammelt.	Die Apostel brauchen Gelegenheit, ihre Erfahrungen auszutauschen und ihr Tun an Jesus zurückzubinden. Wie halten Sie es damit in Ihrer Gemeinde? ❷ Kraftquelle Jesu und der zwölf Apostel ist die Stille (und das Gebet). Wie steht es damit bei uns? Woher nehmen wir unsere Kraft? ❷ + ❸ Damals war Jesus sehr gefragt. Was führt uns zu Jesus? Was tun wir, um Jesus zu begegnen? ❷ + ❸ Wo brauchen oder erfahren wir den Dienst des guten Hirten? ❸

Kernaussagen der Lesungen

1. Lesung: Jer 23,1-6	2. Lesung: Eph 2,13-18
Zugleich mit der Verurteilung der schlechten Hirten, die die Herde versprengen und spalten, verkündet Jeremia Gottes große Verheißung: Gott selbst will sich um seine Herde, sein Volk, kümmern. Er wird einen guten und gerechten Hirten aus dem Geschlecht Davids erwecken. – Wir Christen erkennen diesen guten Hirten in	Paulus sieht im Gekreuzigten den, der das Volk Gottes aus Juden und Heiden im Heiligen Geist zusammenführt. Für ihn ist Jesus unser Friede, der Juden und Heiden im Heiligen Geist Zugang zu Gott schenkt. Jesus, der Friedensfürst, spaltet nicht, sondern eint. Er ist der gute Hirt.

16. Sonntag im Jahreskreis B

Grundgedanken für die Feier des Gottesdienstes

- Gebet und Stille sind für die Jünger Jesu notwendig.
- Gebet und Gottesdienst: Ausruhen bei Jesus.
- Jesus ist unser guter Hirte, der die verirrten Schafe sammelt.
- Durch Jesus haben wir Frieden mit Gott und miteinander.

Fundgrube

- **Aktion:**
  Stille-Übung
- **Gesten:**
  Gebetshaltungen im Gottesdienst
- **Bilder:**
  – von Hirt und Herde
  – Boot auf einem See
  – von Stars aus Show und Sport (Jesus ein Superstar?)
  – Sieger Köder (Dia in: Bilder zum AT, Nr. 41)
- **Symbol/Zeichen:**
  Rad und Nabe: Jesus, Wort, Sakrament
  Speichen: Was er für uns tut
- **Labyrinth von Chartres:** den Weg zur Mitte finden
- **Geschichte:** Hoffsümmer, Kurzgeschichten II, 48

- Aspekte der MISEREOR-Arbeit vorstellen (vgl. Mk 6,34)
- Urlaub / Ferien (Entspannung / Abstand): Suche nach dem „anderen" Leben
- Hirtenstab und Kreuz Christi (vgl. Darstellungen des Auferstandenen mit Kreuzstab und Fahne)
- Karte mit markantem Lehr-Wort Jesu mitgeben
- Liturgische Elemente, die betont werden können:
  – Kyrie- oder Danklitanei: Christus: Hirt, Lehrer, Mitte; dem wir berichten können, der die Notlagen /Sorgen der Menschen kennt, der die Ruhe verschafft...
  – kurze Fragen als Gedankenanstöße zu Wort und Tat (vgl. Mk 6,30) beim Allgem. Schuldbekenntnis
  – Osterkerze im Altarraum, von dort Kerzen zu Ambo und Altar: versammelt um / zur Auferbauung durch Christus
  – geschmücktes (Vortrage-)Kreuz
  – Antwortpsalm

- **Gesänge:**

GL	289	Herr, deine Güt
GL	535.6	Der Herr ist mein Hirt
GL	863	Mein Hirt ist Gott
Hall	50–64	Jesuslieder, insbes.
Hall	58	Jesus, der Menschensohn
Hall	63	Wenn wir das Leben teilen
Hall	68	Suchen und fragen
S	78	Brot, das die Hoffnung nährt
S	562	Herr, bleibe bei uns
S	612	Lasst uns miteinander
T	46	In te confido
T	51	Wer Gott sucht
T	54	Gott aller Liebe
T	100	Du Licht, das in uns scheint

22. Sonntag im Jahreskreis B

Evangelium: Mk 7,1-8.14-15.21-23	Texterschließung	Gesprächsimpulse
In jener Zeit 1 hielten sich die Pharisäer und einige Schriftgelehrte, die aus Jerusalem gekommen waren, bei Jesus auf. 2 Sie sahen, dass einige seiner Jünger ihr Brot mit unreinen, das heißt mit ungewaschenen Händen aßen. 3 Die Pharisäer essen nämlich wie alle Juden nur, wenn sie vorher mit einer Handvoll Wasser die Hände gewaschen haben, wie es die Überlieferung der Alten vorschreibt. 4 Auch wenn sie vom Markt kommen, essen sie nicht, ohne sich vorher zu waschen. Noch viele andere überlieferte Vorschriften halten sie ein, wie das Abspülen von Bechern, Krügen und Kesseln. 5 Die Pharisäer und die Schriftgelehrten fragten ihn also: Warum halten sich deine Jünger nicht an die Überlieferung der Alten, sondern essen ihr Brot mit unreinen Händen? 6 Er antwortete ihnen: Der Prophet Jesaja hatte Recht mit dem, was er über euch Heuchler sagte: Dieses Volk ehrt mich mit den Lippen, sein Herz aber ist weit weg von mir. 7 Es ist sinnlos, wie sie mich verehren; was sie lehren, sind Satzungen von Menschen. 8 Ihr gebt Gottes Gebot preis und haltet euch an die Überlieferung der Menschen.	Ein langes und schwieriges Stück aus der Überlieferung, das Markus hier einsetzt.

Thema dieses großen Lehrstücks ist das richtige Verständnis der Gesetzesvorschriften. Dabei zeigt Markus seinen Lesern Jesus in der Auseinandersetzung mit seinen Gegnern. Daran schließen sich eine Belehrung der Leute (V. 14f) und eine Belehrung der Jünger (V. 21ff) an, wobei Letztere wegen der ausgelassenen Verse 17-20 im Sonntagsevangelium nicht als solche erkennbar ist.

In der Auseinandersetzung mit seinen Gegnern betont Jesus: Es genügt nicht, mit den Lippen oder rein formal und äußerlich die Gebote zu erfüllen. Es kommt darauf an, dass das Herz sich an Gott und seinem Gebot ausrichtet. Daher gilt es, die hinter den Satzungen stehende Absicht Gottes zu erkennen und ernst zu nehmen.

Der Unterschied zwischen Menschensatzung und Gebot Gottes ist Jesus besonders wichtig. Menschensatzungen sind dazu da, um Gottes Absicht zu verdeutlichen, zu konkretisieren und zu schützen. Wo Menschensatzungen Gottes Absicht in das Gegenteil kehren, sind sie abzulehnen. | Traditionen und Bräuche können als Hilfe oder als Hindernis erfahren werden für ein Leben, das sich an Gott und seinem Willen ausrichtet. Sicher können Sie dafür Beispiele nennen. ❶

Wo besteht die Gefahr, nur mit Worten Christ zu sein? ❶

Pharisäer und Schriftgelehrte zur Zeit Jesu wollten ernsthaft nach Gottes Gesetz leben – und werden von Jesus als fromme Heuchler bezeichnet. Warum? ❷ |

22. Sonntag im Jahreskreis B

Evangelium: Mk 7,1-8.14-15.21-23	Texterschließung	Gesprächsimpulse
14 Dann rief Jesus die Leute wieder zu sich und sagte: Hört mir alle zu und begreift, was ich sage: 15 Nichts, was von außen in den Menschen hineinkommt, kann ihn unrein machen, sondern was aus dem Menschen herauskommt, das macht ihn unrein. 21 Denn von innen, aus dem Herzen der Menschen, kommen die bösen Gedanken, Unzucht, Diebstahl, Mord, 22 Ehebruch, Habgier, Bosheit, Hinterlist, Ausschweifung, Neid, Verleumdung, Hochmut und Unvernunft. 23 All dieses Böse kommt von innen und macht den Menschen unrein.	Bei der Belehrung der Leute geht es um die jüdischen Speisevorschriften. Auch in dieser Frage betont Jesus, dass es auf das reine Herz, das nach Gottes Willen fragt, ankommt. Ein Zug zur Verinnerlichung der Gebote ist hier zu erkennen. Diesen Gedanken erläutert Jesus in der Jüngerbelehrung. Aus dem Herzen des Menschen kommt das Böse. Gott allein kann ein „neues Herz" schenken. Schon Jeremia hofft darauf, dass Gott einst sein Gesetz in das Herz der Menschen legen wird (Jer 31,31-34).	Seit Taufe und Firmung wohnt Gottes Geist in uns. Wo erkennen Sie das Wirken dieses Geistes im Reden, Denken und Handeln von Menschen? ❸ Wie gehen wir mit unseren Dunkelheiten, mit unseren Abgründen um? ❸

Kernaussagen der Lesungen

1. Lesung: Dtn 4,1-2.6-8	2. Lesung: Jak 1,17-18.21b-22.27
Mose erinnert das Volk Israel daran, dass Gottes Gebote den Weg zum Leben weisen. Stolz auf das Gesetz und Freude über das Gesetz kommen in seinen Worten zum Ausdruck. Im Gesetz ist Gott seinem Volk nahe gekommen. Es gilt, nichts hinzuzufügen und nichts wegzunehmen.	Eindrücklich wird in diesem Briefabschnitt daran erinnert, dass jede gute Gabe von Gott kommt, der es gut mit uns meint. Durch das Wort der Wahrheit, das uns in Jesus begegnet, hat Gott uns reich beschenkt. Es gilt, dieses Wort durch den Heiligen Geist in das Herz einzulassen, um so mit neuem Herzen die Liebe Gottes im Engagement für den Nächsten zu leben.

22. Sonntag im Jahreskreis B

Grundgedanken für die Feier des Gottesdienstes

- Freiheit der Kinder Gottes.
- Gottes Gebot zeigt uns den Weg zum Leben.
- Gott will (durch seinen Geist) in unserem Herzen wohnen.
- In Taufe und Firmung sind wir neue Menschen geworden.

Fundgrube

- **Spiel:**
  Gebotsschilder wie eine Mauer; Entschuldigungen helfen, durch die Mauer zu schlüpfen (Schnegg, Nr. 54)
- Herz als Zeichen für das Innere des Menschen: Sprichwörter, Redensarten
- Beispiele von Bekennern, die an Gottes Weisung festgehalten haben
- Liturgische Elemente, die betont werden können:
  – Glaubensbekenntnis
  – Fürbitten: Wem wünschen wir ein erneuertes „Herz"?
  – Taufgedächtnis (mit Gang zum Taufort beim Glaubensbekenntnis)

- **Collage:**
  Das Dunkle in unserem Herzen / Das neue Herz
- **Bilder:**
  – vom Heiligen Geist (Pfingsten)
  – vom Brauchtum in den Religionen
  – Taufbecken der Kirche
  – Mosedarstellung
  – Sonne (Gottes Weisung ist wie Licht)
  – Bilder von Wegen (Fotos oder aus der Kunst, z. B. von Klee, Hundertwasser)
  – Karikatur zur 1. Lesung: Steiger, S. 35; zum Evangelium: Steiger, S. 217

- **Gesänge:**

GL	292	Herr, dir ist nichts verborgen
GL	294	Was Gott tut
GL	21	Herr, gib uns Mut
Hall	9	Jubilate Deo
Hall	56	Wir lassen uns auf Jesus ein
Hall	65	Wo Menschen sich vergessen
Hall	69	Was keiner wagt
Hall	123	Weg aus der Dunkelheit
S	93	Einer hat uns angesteckt
S	355	Liebe ist nicht nur ein Wort
S	458	Herr, mache mich zum Werkzeug
S	618	Gottes Wort ist wie Licht
T	9	Christus, dein Licht
T	54	Gott aller Liebe

23. Sonntag im Jahreskreis B

Evangelium: Mk 7,31-37	Texterschließung	Gesprächsimpulse
In jener Zeit 31 verließ Jesus das Gebiet von Tyrus und kam über Sidon an den See von Galiläa, mitten in das Gebiet der Dekápolis. 32 Da brachte man einen Taubstummen zu Jesus und bat ihn, er möge ihn berühren.	Die Perikope gehört zu drei Wunderberichten, die erzählen, dass sich Jesus auch den Heiden zuwendet. In der Sonntagsliturgie kommt nur dieser Abschnitt vor. Für seine Deutung ist wichtig, dass im Kontext mehrfach vom Unverständnis selbst der Jünger die Rede ist (7,18; 8,21). Sidon und die Dekápolis sind von Nichtjuden bewohnte Gebiete. Jesu Heilshandeln gilt auch ihnen. Leute, die auf die Heilkraft Jesu vertrauen, bringen den Kranken zu ihm.	Die Perikope ist von Anfang an symbolisch verstanden worden. Was bedeutet dann „taub" und „stumm" sein? ❶ Was „in jener Zeit" geschah, geschieht auch heute durch den auferstandenen Christus. Kennen Sie ein Beispiel? ❸ Wie wurden Sie zu Christus geführt? Gab es Situationen, in denen Sie Menschen zu Christus geführt haben? Was haben Sie dabei erfahren? ❸
33 Er nahm ihn beiseite, von der Menge weg, legte ihm die Finger in die Ohren und berührte dann die Zunge des Mannes mit Speichel; 34 danach blickte er zum Himmel auf, seufzte und sagte zu dem Taubstummen: Effata!, das heißt: Öffne dich! 35 Sogleich öffneten sich seine Ohren, seine Zunge wurde von ihrer Fessel befreit und er konnte richtig reden.	Jesus handelt nicht demonstrativ und in großer Öffentlichkeit (vgl. dazu auch V. 36). Die geschilderten Heilungspraktiken sind auch außerbiblisch belegt. Dem Speichel wurde heilende Wirkung zugesprochen; das Berühren der kranken Stellen ist Heilungsgestus. Aufblick zum Himmel und Seufzen (tiefes Einatmen) dienen dem Einholen übermenschlicher Kraft. Die Wirkung folgt dem eigens übersetzten Befehlswort (also kein Geheimwort). Dieses ist an den Tauben (!) gerichtet, nicht an die kranken Organe. Jesu Wort bewirkt die Befreiung und Offenheit des ganzen Menschen. Es wird angedeutet, dass die Krankheit Symbol einer Verschlossenheit und Fesselung des Menschen ist, die in der personalen Begegnung mit Jesus überwunden wird (vgl. V. 37).	Wie verstehen und deuten Sie, was Jesus an dem Taubstummen tut? ❷ Was bedeutet Ihnen der Effata-Ritus bei der Taufe? ❸
36 Jesus verbot ihnen, jemand davon zu erzählen. Doch je mehr er es ihnen verbot, desto mehr machten sie es bekannt.	Zum Schweigegebot vgl. „Fragen rund um das Markusevangelium". Ohne den Blick auf Kreuz und Auferstehung kann Jesu Wirken nicht verstanden werden.	

23. Sonntag im Jahreskreis B

Textauslegung	Gesprächsimpulse
Es wird auf das Urteil Gottes über sein Werk im ersten Schöpfungsbericht angespielt (Gen 1) und Bezug genommen auf Jes 35,5f (1. Lesung). Im Wirken Jesu beginnt die endzeitliche Wiederherstellung der Schöpfung. Er bringt die verheißene Befreiung von dem, was die Entfaltung des Menschen in seinem Bezug zu Gott und den Menschen behindert. Taubheit und Sprachbehinderungen stehen beispielhaft für gestörte Beziehungen, die dem Schöpferwillen widersprechen. Markus bekennt mit dieser überlieferten Heilungsgeschichte, wie der auferstandene Christus an den Menschen handelt und an den Adressaten seines Evangeliums gehandelt hat. Er öffnet den Menschen für Gottes Wort, er befähigt zum richtigen Bekenntnis. Die Gemeinschaft mit ihm macht den Menschen „gut" und schafft Beziehung zu anderen.	Gibt es in Ihrem Leben Erfahrungen oder Reaktionen, die denen der Menge vergleichbar sind? Welche Bedeutung und Konsequenz hat ihr Bekenntnis für uns, für die Gemeinde / Kirche? Vgl. auch den Antwortpsalm (soziale Dimension). ❸

Evangelium: Mk 7,31-37	
37 Außer sich vor Staunen sagten sie: Er hat alles gut gemacht; er macht, dass die Tauben hören und die Stummen sprechen.	

Kernaussagen der Lesungen

1. Lesung: Jes 35,4-7a	2. Lesung: Jak 2,1-5
Jes 35 ist wahrscheinlich nach dem Ende des Babylonischen Exils geschrieben worden, in schwierigen gesellschaftlichen Verhältnissen, in denen sich Mutlosigkeit und Enttäuschung breitmachten. In dieser Situation spricht der Verfasser von einer aufrüttelnden Zukunftshoffnung: Es wird aufwärts gehen, der Beistand Gottes (Gericht, Vollendung, Befreiung) ist unverbrüchlich zugesagt. Unbehindertes Leben wird möglich sein und alle Gebrechen, die den Zugang zur Gemeinschaft mit Gott in der Kultfeier im Wege stehen, fallen weg. Die Menschen werden heil und mit ihnen ihre Lebenswelt. Mit den Bildern von der Umwandlung der Wüste deutet der Verfasser Leben im Überfluss an. – Im Tagesevangelium ist auf V. 5f Bezug genommen. Das heilende Wirken Jesu zeigt, dass in ihm die verheißene Zukunft begonnen hat. Jesus bestätigt die Hoffnung des Jesaja in ungeahnter Weise und rückt sie zugleich in eine neue Perspektive.	Privilegien aufgrund von irdischem Besitz (von Gemeindeangehörigen oder Gästen?) darf es in der christlichen Gemeinde nicht geben. Reichtum, der zählt, vermittelt allein der Glaube. In einer solchen Einschätzung wird etwas von der Zuwendung Gottes zu den Armen in Jesus Christus spürbar. – Der Text erscheint in der Liturgie wie eine Illustration der Konsequenzen aus dem Handeln Jesu, der nach dem Evangelium „alles gut gemacht" hat (vgl. auch den Antwortpsalm).

23. Sonntag im Jahreskreis B

Grundgedanken für die Feier des Gottesdienstes

- „Aufgeschlossen" durch Christus, durch sein Wort (befreit zu Gott, zu anderen, zu uns selbst).
- Zu Jesus gebracht in der Taufe: auf den Weg zum Hören und Bekennen (vgl. Effata-Ritus).
- Christus begegnet uns in Wort und Zeichen (damals, heute).

- Jesus, Bote der Wahrheit Gottes für die Welt: Gott ist auf der Seite der Armen und Notleidenden.
- Unsere Hoffnung: die Überwindung aller Not durch Gott.
- „Er hat alles gut gemacht"!?
- Staunen(swertes) in unserer Zeit.

Fundgrube

- Im Spiel Taubheit und Sprachlosigkeit in ihrer isolierenden Wirkung erfahren lassen
- Eigene Erfahrungen sammeln und deuten, wie z. B.: „Keiner hört mir zu" – „Keiner hat Zeit für mich" – „Keiner ist da" – „Bist du taub?"
- Überraschende Erschließungserfahrungen am Beispiel des hl. Augustinus: Ruf des spielenden Kindes: „Nimm und lies!"; das Kind, das das Meer ausschöpfen will...
- Caritative Initiativen als Zeichen gemäß Jes 35 (1. Lesung) und Ps 146 (Antwortpsalm)
- Bericht von Missionaren (aus der Gemeinde) und ihrer Motivation, vgl. auch Adveniat, Missio
- Alltägliche Wünsche als Ausdruck der Hoffnung, die weiter reicht als meistens bewusst ist („Alles Gute!" – „Adieu!" – „Mit den besten Wünschen")

- Bilder
  - Collage mit aktuellen Bildern von Notleidenden und/oder Helfern
  - Bilder, die den Menschen als Hörenden, Horchenden, Suchenden darstellen, z.B. der Hörende von T. Zenz (Handbuch 2)
  - Darstellung der drei Affen: nichts hören, nichts sehen, nichts sagen
  - Bild von der Heilung des Taubstummen
  - von Kindern gemalte Bilder (Bildergeschichte?) zur Perikope
- Liturgische Elemente die betont werden können:
  - Sonntägliches Taufgedächtnis („Asperges") anstelle des Allgemeinen Schuldbekenntnisses
  - eigene Kyrie-Rufe als staunende Feststellung der Bedeutung Jesu für uns
  - Hervorhebung des biblischen Wortes: Evangelienprozession, Singen der Akklamationen nach den Lesungen
  - in den Fürbitten die Suche anderer nach heilender und aufschließender Nähe Christus vortragen
  - wahrnehmbare Brotbrechung für alle, damit die Zuwendung Christi zu allen deutlich erlebbar ist
  - nach der Kommunion: preisendes Christus-Gebet angesichts der erneuten Begegnung mit ihm in Wort und Sakrament

- Deutung des Effata-Ritus am Ende der Kindertaufe und in der Vorbereitung auf die Erwachsenentaufe
- Unsere Sinne als Türen, die geöffnet werden müssen
- Gesänge:

GL	264	Mein ganzes Herz
GL	300	Solang es Menschen gibt
Hall	17	Ohren gabst du mir
Hall	109	Unsere Hoffnung
Hall	113	Ein Funke ist genug
Hall	114	Wenn der Himmel
Hall	116	Menschen auf dem Weg
S	256	Wir haben Gottes Spuren
S	524	Laudato si
T	29	Ostende nobis
T	51	Wer Gott sucht
T	62/67	Eines nur ist mein Verlangen

24. Sonntag im Jahreskreis B

Evangelium: Mk 8,27-35	Texterschließung	Gesprächsimpulse
In jener Zeit 27 ging Jesus mit seinen Jüngern in die Dörfer bei Cäsarea Philippi. Unterwegs fragte er die Jünger: Für wen halten mich die Menschen? 28 Sie sagten zu ihm: Einige für Johannes den Täufer, andere für Elija, wieder andere für sonst einen von den Propheten. 29 Da fragte er sie: Ihr aber, für wen haltet ihr mich? Simon Petrus antwortete ihm: Du bist der Messias! 30 Doch er verbot ihnen, mit jemand über ihn zu sprechen. 31 Dann begann er, sie darüber zu belehren, der Menschensohn müsse vieles erleiden und von den Ältesten, den Hohenpriestern und den Schriftgelehrten verworfen werden; er werde getötet, aber nach drei Tagen werde er auferstehen.	Der Abschnitt eröffnet den zweiten Teil des Markusevangeliums. Jesus macht sich auf den Weg nach Jerusalem, wo sich seine Sendung in Leiden, Tod und Auferstehung vollenden wird. Unterwegs belehrt er seine Jünger, stößt bei ihnen aber immer wieder auf Unverständnis. Dreimal kündigt Jesus in den Kapiteln 8 bis 10 sein Leiden an und erfährt das Zögern seiner Jünger. Wenn Markus die Worte Jesu so zusammenstellt, hat er die Gemeinde seiner Zeit vor Augen: Ablehnung des Leidensweges Jesu (und des eigenen) ist auch Thema in der Gemeinde des Markus. Die Dörfer sind heidnisch-jüdisches Grenzgebiet. Von dieser entfernten Gegend aus macht sich Jesus auf den Weg nach Jerusalem. Markus stellt an den Beginn dieses Weges seine erste Leidensankündigung. Die Jünger zitieren Volksmeinungen: Jesus ist der ins Leben zurückgekehrte Johannes, der vor dem Tag des Herrn wieder auftretende Elija, ein Prophet, wie es sie früher gegeben hat (vgl. 6,14). Die Aussagen sind kontrastierender Hintergrund für das Folgende: Petrus, Sprecher der Jünger, bekennt mit einem christlichen Glaubenssatz Jesus als den Gesalbten Gottes. Das Schweigegebot stellt nicht das Bekenntnis in Frage, sondern soll vor Missverständnissen schützen. Zum Messias Jesus gehört das angekündigte Leiden. Mit dem Gedanken der Verwerfung wird auf Ps 118,22 angespielt. Der von Gott Gesandte wird das im AT mehrfach beschriebene Geschick des leidenden Gerechten bzw. verfolgten Propheten erleiden. Am Ende steht aber die Überwindung des Todes. Die Verursacher der Verwerfung Jesu werden eigens genannt. Zugleich wird von einer (geheimnisvollen) Notwendigkeit seines Leidens gesprochen (vgl. unten).	Auch heute gibt es die unterschiedlichsten Meinungen über Jesus, denen auch wir begegnen… ❶ + ❷ Für wen halten wir ihn? Was bedeutet mir das Bekenntnis zu Jesus als dem Messias? ❷

24. Sonntag im Jahreskreis B

Evangelium: Mk 8,27-35	Texterschließung	Gesprächsimpulse
32 Und er redete ganz offen darüber. Da nahm ihn Petrus beiseite und machte ihm Vorwürfe. 33 Jesus wandte sich um, sah seine Jünger an und wies Petrus mit den Worten zurecht: Weg mit dir, Satan, geh mir aus den Augen! Denn du hast nicht das im Sinn, was Gott will, sondern was die Menschen wollen.	Als Markus vom Bekenntnis des Petrus berichtet, ist dieser die führende Person der frühen Kirche geworden und inzwischen selber den Weg des Martyriums gegangen. Der Evangelist schildert ihn unbekümmert als jemand, der trotz seines Bekenntnisses und der offenen Rede Jesu am Beginn des Weges nach Jerusalem noch nichts begriffen hat vom Heilsweg Gottes. Person und Bedeutung Jesu erschließen sich selbst den Augenzeugen erst nach seiner Auferstehung. Jesu Antwort gilt allen Jüngern und durch sie allen, die die Botschaft vom Kreuz hören. Petrus erscheint als Versucher, in ihm wirkt der Widersacher Gottes.	Petrus macht Jesus Vorwürfe. – Wo gibt es Situationen im eigenen Leben, die der des Petrus vergleichbar sind? ❷ Im Sinn haben, was Gott will oder was die Menschen wollen – woran könnte das erkennbar sein? ❷
	Die Fragen Jesu und seine heftige Reaktion können auch als Ausdruck einer Identitätskrise verstanden werden, einer Suche nach der eigenen Rolle und dem eigenen Weg in der Versuchung durch die Erwartung anderer. Aber Jesu Entscheidung ist unbeirrbar. Er ruft Petrus zurück in die Nachfolge und damit zu den Gedanken Gottes. Der Evangelist warnt vor einem Verständnis Jesu als eines genialen und jetzt auch österlich siegreichen Weltverbesserers, dessen Kreuzweg als bedauerliches Geschick, aber nicht mehr als entschieden beschrittener Weg erscheint. Gottes Respekt vor der Freiheit des Menschen hat auf diesem Weg selbst die Ablehnung des Messias durch die sündige Menschheit noch einmal in Kauf genommen. In Jesu radikaler menschlicher Entschiedenheit wird aber auch die Ablehnung Gottes durch den Menschen und seine Selbstbehauptung überwunden.	Auch Jesus musste durch Krisen und Unsicherheiten hindurchgehen. ❷
34 Er rief die Volksmenge und seine Jünger zu sich und sagte: Wer mein Jünger sein will, der verleugne sich selbst, nehme sein Kreuz auf sich und folge mir nach.	Sich zu einem Erniedrigten und Verworfenen als Gottes Gesandten und Heilbringer zu bekennen und den eigenen Weg in seiner Nachfolge abzugrenzen von Lebensweisen der Umgebung, das war auch für die Adressaten des Markus nicht leicht.	In welcher Weise bleibt das Anliegen des Markus, das er mit seiner Darstellung verfolgt, auch für uns heute aktuell? ❷

24. Sonntag im Jahreskreis B

Texterschließung

Evangelium: Mk 8,27-35

Man kann das darin angedeutet finden, dass die aus dem Osterglauben formulierte Belehrung Jesu über die Nachfolge sich ausdrücklich an die Jünger und an die Volksmenge richtet. Markus weist seine Leser auf die Gefahr hin, die Kreuzesnachfolge in ihrem eigenen Leben aus dem Blick zu verlieren. Gefordert sind Selbstverleugnung, die die Nachfolge anderen Wünschen und Vorstellungen überordnet, und das Auf-sich-nehmen der Widersprüche und Anfechtungen auf dem Weg Jesu.

35 Denn wer sein Leben retten will, wird es verlieren; wer aber sein Leben um meinetwillen und um des Evangeliums willen verliert, wird es retten.

Über das ewige Leben wird im Umgang mit dem irdischen entschieden. Entscheidendes Kriterium ist das Verhältnis zu Jesus, also die Nachfolge auf seinem Weg, wie er in der Botschaft des Evangeliums vorgezeichnet wird.

Gesprächsimpulse

Welche Rolle spielt die Botschaft vom Kreuz in meinem Leben, in unserem Gemeindeleben? Wie geben wir sie heute weiter? ❸

Was bedeuten mir die Aussagen über die Notwendigkeit des Kreuzes und der Kreuzesnachfolge? ❸

Kernaussagen der Lesungen

1. Lesung: Jes 50,5-9a

Die Erste Lesung ist dem zweiten Teil des Jesaja-Buches entnommen (sog. Deuterojesaja). Der Prophet wirkte im Babylonischen Exil (6. Jh. v. Chr.) unter den Verschleppten. Der Lesungstext gehört zum dritten von vier „Gottesknechtsliedern". Sie handeln von einem vollkommenen Knecht Gottes, der den Glauben verkündet, den Tod als Sühne für die Sünden des Volkes auf sich nimmt und von Gott verherrlicht wird. Der Bote spricht von seiner Berufung, die an Gottes Führung nicht mehr glauben mögen. Er traut auf Widerstand und Ablehnung, wird sogar misshandelt. Er baut aber vertraut unbeirrt auf die rettende Hilfe Gottes. – Der Gottesknecht des Jesaja ist im christlichen Verständnis ein Vorausbild des Messias. Der Text erläutert das im Evangelium angesprochene Selbstverständnis Jesu und wirft Licht auf das Missverständnis des Petrus und Jesu Reaktion.

2. Lesung: Jak 2,14-18

Glaube ist keine rein innerliche Sache, sondern etwas, das den ganzen Menschen betrifft, also auch seine Lebensweise. Beziehung zu Christus ist nicht möglich, ohne dass sie sich widerspiegelt im Zueinander in der Gemeinde und in der tätigen Hilfe füreinander. – Ein unmittelbarer Bezug zur 1. Lesung und zum Evangelium besteht nicht. Was mit Hilfe eines innergemeindlich-caritativen Beispiels ausgesagt wird, liegt aber auf der Linie des Messiasbildes und der geforderten Nachfolge Jesu.

24. Sonntag im Jahreskreis B

Grundgedanken für die Feier des Gottesdienstes

- Jesus weist und ermöglicht den Weg zum Leben in seiner Nachfolge.
- Heilsame Blamage – „Petrus" steckt in uns allen.
- Gottvertrauen (Wem vertraue ich in Angst, Sorge … ? Ohne Vertrauen unter Menschen ist Leben nicht möglich, auch nicht ohne Gottvertrauen. Jesus ist Vorbild und Garant des Gottvertrauens.)
- Mein Lebensziel und Jesus (k)ein Spielverderber (zum Verständnis und Missverständnis von Selbstverleugnung, Kreuztragen …).
- „Für wen haltet ihr mich?" (Jesus, der Messias: der Mensch nach den Vorstellungen Gottes, der uns in seiner Gemeinschaft Mensch sein lässt.)

Fundgrube

- Entwicklung von Spielszenen über Nachfolge als alltägliche Lebenshilfe nach dem Beispiel in der 2. Lesung
- Betrachten eines Kieselsteines mit Bezug auf den Vergleich in der Ersten Lesung und das dort und im Evangelium angesprochene Gottvertrauen
- Was würde ich für einen langen Aufenthalt auf einer einsamen Insel mitnehmen? (Sachen, Personen?) Manche haben geantwortet: Die Bibel. Worauf kommt es letztlich an?
- Aktuelle Beispiele, die Anlass geben zu der Frage: Wie kann Gott das zulassen? Wo war er, als …?
- Liturgische Elemente, die betont werden können:
  - geschmücktes Vortragekreuz oder Hervorhebung eines Kreuzes in der Kirche
  - in der Einführung Erläuterung des vollzogenen Kreuzzeichens als Gedächtnis der Taufe und der Weggemeinschaft mit Christus
  - Akklamation nach der Wandlung singen (z. B.: Wir preisen deinen Tod…)

- Verschiedene Kreuze mitbringen, vorstellen – Darstellungen des Kreuzes als Lebensbaum, Siegeszeichen
- Zeugnisse von Märtyrern aus neuerer Zeit (vgl. Zeugen für Christus. Das deutsche Martyrologium des 20. Jahrhunderts. Paderborn 1999)
- Gesänge:

GL	298	Herr, unser Herr
GL	616	Mir nach, spricht Christus
GL	620	Das Weizenkorn
Hall	56	Wir lassen uns auf Jesus ein
Hall	69	Was keiner wagt
Hall	70	Wir gehen aufeinander zu
S	367	Weizenkörner, Trauben
S	562	Herr, bleibe bei uns
T	36	Spiritus Jesu Christi
T	60	O Christe Domine Jesu

- Erzählen des Evangeliums und der Ostererfahrung aus der Sicht des Petrus (Petrus als Sprecher; ggf. mit einer Puppe)
- Bilder:
  - Unterschiedliche Jesus-Darstellungen
  - Karikatur: Steiger, S. 108
  - Petrus-Bild (in der eigenen Kirche? ggf. aufsuchen)
  - Kreuzwegbild zur 2. Station: „Jesus nimmt das Kreuz auf seine Schultern"
- Äußerungen heutiger Menschen zur Frage: Wer ist Jesus (für mich)?
- Parabel von der Spinne, die den Faden nach oben abreißt und damit ihr Netz zerstört

25. Sonntag im Jahreskreis B

Evangelium: Mk 9,30–37	Texterschließung	Gesprächsimpulse
In jener Zeit **30** zogen Jesus und seine Jünger durch Galiläa. Jesus wollte aber nicht, dass jemand davon erfuhr; **31** denn er wollte seine Jünger über etwas belehren. Er sagte zu ihnen: Der Menschensohn wird den Menschen ausgeliefert und sie werden ihn töten; doch drei Tage nach seinem Tod wird er auferstehen.	An dieser Stelle des Markusevangeliums kündigt Jesus zum zweiten Mal seinen Tod und seine Auferstehung an. Wieder stößt er auf Unverständnis, das sich im Verhalten der Jünger widerspiegelt und Anlass ist für eine Belehrung. Der Verfasser des Evangeliums zielt damit auch auf die Verhältnisse und Reaktionen in der Gemeinde seiner Zeit. Jesus will sich auf dem Weg nach Jerusalem, dem Ort der Kreuzigung, nicht aufhalten lassen. Unterwegs belehrt er seine Jünger über die erwarteten Ereignisse am Zielort. Markus spricht in der zweiten Leidensankündigung ganz allgemein von „den Menschen", denen er ausgeliefert werden wird (anders als Mk 8,31 / 24. Sonntag). Das Passiv ist dabei theologisch zu verstehen: Gott ist es, der ihn der Gewalt der Menschen preisgibt; Passion und Tod sind Auswirkungen der gewalttätigen Ablehnung, auf die Gottes Wirken bei den Menschen trifft. Aber darin geschieht zugleich Entscheidendes von Gott her, wie sich in der Auferstehung Jesu erweisen wird.	
32 Aber sie verstanden den Sinn seiner Worte nicht, scheuten sich jedoch, ihn zu fragen.	Dass Gottes Wirken ein (Sich-)Ausliefern ist, erscheint ohne die Ostererfahrung paradox und unverständlich. Jesu Erklärung trifft bei den engsten Freunden auf Unverständnis; Genaueres wollen sie vielleicht auch gar nicht wissen.	„Den Menschen ausgeliefert sein" – was kann das bedeuten!? ❶ Im Lied GL 179,4 heißt es: „Was du, Herr, hast erduldet, ist alles meine Last; ich habe es verschuldet, was du getragen hast…" – Welche Gedanken und Gefühle kommen Ihnen beim Singen dieses Liedes? ❷
33 Sie kamen nach Kafarnaum. Als er dann im Haus war, fragte er sie: Worüber habt ihr unterwegs gesprochen? **34** Sie schwiegen, denn sie hatten unterwegs miteinander darüber gesprochen, wer von ihnen der Größte sei.	Die „menschlichen" Maßstäbe der Jünger werden in ihrem Gespräch deutlich. Auf dem Weg nach Jerusalem, dem Entscheidungsort, streiten sie darüber, wer jetzt (und vielleicht auch im messianischen Reich, das sie auf ihre Weise erwarten) der Größte ist.	Der bzw. die Größte sein – wollen das nicht alle?! ❷

25. Sonntag im Jahreskreis B

Evangelium: Mk 9,30-37	Texterschließung	Gesprächsimpulse
35 Da setzte er sich, rief die Zwölf und sagte zu ihnen: Wer der Erste sein will, soll der Letzte von allen und der Diener aller sein.	Die Antwort Jesu wird durch ihre Einleitung als wichtige Lehre für die Kirche kenntlich gemacht. Dass Jesus sich setzt, kennzeichnet ihn als Lehrer. Er richtet sich an die herbeigerufenen Zwölf, die Säulen der neuen christlichen Gemeinschaft. Es wird deutlich, dass hier eine grundlegende Aussage über die Gemeinde gemacht wird. Größe ist nur auf dem Weg Jesu zu erreichen. Dabei kommt es nicht nur auf eine Selbsteinschätzung an, sondern auf ein Handeln zum Wohl „aller".	Von der Kirche wird offenbar ein Leben als „Kontrastprogramm" erwartet. Die Zuwendung zu den Hilfsbedürftigen soll mitvollzogen werden. – Wie kann der Gefahr begegnet werden, ein realitätsfernes und unverbindliches Dienen zu verkünden oder die Vorstellung Jesu zu „vermenschlichen"? ❸
36 Und er stellte ein Kind in ihre Mitte, nahm es in seine Arme und sagte zu ihnen: 37 Wer ein solches Kind um meinetwillen aufnimmt, der nimmt mich auf, wer aber mich aufnimmt, der nimmt nicht nur mich auf, sondern den, der mich gesandt hat.	Das unfertige und unverständige Kind galt in der Gesellschaft zur Zeit Jesu nicht viel. Die Umarmung als Ausdruck liebender Zuwendung wird zum Zeichen: Jesus identifiziert sich mit den Kindern und den „Kleinen" überhaupt (vgl. V. 35). Größe ist dort gegeben, wo der eigenständigen und freien Entfaltung der Menschen Hilfe geboten wird, nicht wo sie dienstbar gemacht werden. Diesem Weg ist die Verheißung mitgegeben, zu Christus und zu Gott zu führen.	Jesus identifiziert sich mit den Kindern und den „Kleinen". Was bedeutet das für uns, für die Gemeinde...? ❷ + ❸

Kernaussagen der Lesungen

1. Lesung: Weish 2,1a.12.17-20	2. Lesung: Jak 3,16 - 4,3
Der Text aus der jüngsten Schrift des AT ist Teil einer Rede von „Frevlern", die in fatalistischer Weise ihr Leben beschreiben und sich auffordern, die Güter des Lebens ohne Rücksicht zu genießen. Für sie, die als erfolgreich und begütert dargestellt werden, ist der Gerechte trotz seiner Armut ein lebender Vorwurf. Wenn es gelingt, ihn zu beseitigen, bestätigt sich, dass von Gott nichts zu erwarten ist. Erfahrungen des 1. Jh. v. Chr. mit dem Geschick der Gerechten und der Bösen sind hier in Form einer Rede zusammengefasst. Die Antwort des Verfassers des Weisheitsbuches ist nicht mehr aufgenommen: Die Frevler sind blind und „verstehen von Gottes Geheimnissen nichts" (V. 22). – Der Text illustriert die Leidensankündigung Jesu im Evangelium aus der Sicht der Täter. Jesus wird	Mit Bildern und Übertreibungen kritisiert der Text die Situation im Gemeindeleben der Adressaten. Etwas holzschnittartig werden zwei grundlegend verschiedene Wege des Zusammenlebens beschrieben: geprägt von Ehrgeiz und Eifersucht oder von Gottes Weisheit. Die Angesprochenen haben eine falsche Wahl getroffen und werden mit dieser Analyse auf den Weg der Weisheit gerufen. – Was hier geschildert wird, kann wie eine aus dem Leben der frühen Kirche gegriffene Konkretisierung der Weisung Jesu im Evangelium gelesen werden.

25. Sonntag im Jahreskreis B

Wort vom Dienen ohne Vergeltungserwartung zeigt er das Gegenmodell, das Gemeinschaft mit Gott verwirklicht.

Grundgedanken für die Feier des Gottesdienstes

- Der Weg zu Gott: Aufnahme des anderen; Gott/Jesus wird greifbar in anderen.
- Das Denken der Menschen und die „Weisheit von oben".
- Mahn-Mal Kreuz: den Menschen ausgeliefert – am dritten Tage auferstanden; ein Zeichen, „Denk"-Mal für die Maßstäbe Gottes.

Fundgrube

- Sie „scheuten sich jedoch, ihn zu fragen". Was hätten die Jünger vielleicht von Jesus erfahren können? (Deutung seines Kreuzes mit Hilfe von Aussagen in den beiden Lesungen)
- Caritas-Zeichen (Kreuz und Strahlen): auf dem Weg des Kreuzes, des Dienens Sonne, Licht vermitteln und erfahren
- Aktuelle Beispiele für leichtfertigen Wunderglauben: Wo und wie sind Gott und sein Wirken in dieser Welt zu finden?
- Misereor Hungertuch von 1998, Diaserie, Motiv Nr. 4
- Liturgische Elemente, die betont werden können:
  – Glaubensbekenntnis im Wortlaut sprechen oder singen
  – Friedensgruß: Kurze Erläuterung als Zeichen der Annahme und Gemeinschaft mit Bezug auf das Evangelium
  – Entlassungsruf („Gebet hin in Frieden"): Vorher kurzer Hinweis auf die „Weisheit von oben": die Kraft Christi, den Frieden Gottes, die die Teilnehmenden empfangen haben und mit denen sie das Leben außerhalb der Feier gestalten können

- Gesänge:

GL	174	Jesus Christus ist der Herr
GL	619	Was ihr dem geringsten
GL	622	Hilf, Herr meines Lebens
Hall	9	Jubilate Deo
Hall	53	Einer ist unser Leben
Hall	56	Wir lassen uns auf Jesus ein
Hall	65	Wo Menschen sich vergessen
Hall	69	Was keiner wagt
S	903	Einer hat uns angesteckt
S	367	Weizenkörner, Trauben
T	51	Wer Gott sucht

- Wer möchte nicht berühmt werden? Das Streben, der Größte, Schnellste, Mächtigste … zu sein, steckt in jedem (vgl. Politik, Sport, Wissenschaft, Wirtschaft). Wurde es von Jesus disqualifiziert? Worauf kommt es an?
- Erzählungen von (verpassten) Begegnungen mit Jesus in unerwarteten und unscheinbaren Gästen; Mantelteilung des hl. Martin von Tours
- Christophoruslegende
- Ein Orden, z. B. Bundesverdienstkreuz (Bild, Verleihungsbericht, Original), wird manchmal auch für ganz unscheinbar wirkende Verdienste verliehen. Wird darin das Bewusstsein von etwas spürbar, was Jesus im Evangelium als Regel aufgestellt hat?

26. Sonntag im Jahreskreis B

Evangelium: Mk 9,38-43.45.47-48	Texterschließung	Gesprächsimpulse
	Die Perikope schließt im Markusevangelium unmittelbar an die vom 25. Sonntag an. Sie besteht aus zwei Abschnitten, in denen die Jüngerbelehrung über den Weg der Jesus-Nachfolge und seine Gefährdung fortgesetzt wird.	
In jener Zeit ³⁸ sagte Johannes, einer der Zwölf, zu Jesus: Meister, wir haben gesehen, wie jemand in deinem Namen Dämonen austrieb; und wir versuchten, ihn daran zu hindern, weil er uns nicht nachfolgt. ³⁹ Jesus erwiderte: Hindert ihn nicht! Keiner, der in meinem Namen Wunder tut, kann so leicht schlecht von mir reden. ⁴⁰ Denn wer nicht gegen uns ist, der ist für uns. ⁴¹ Wer euch auch nur einen Becher Wasser zu trinken gibt, weil ihr zu Christus gehört – amen, ich sage euch: er wird nicht um seinen Lohn kommen.	Die Jünger, die sich darüber unterhalten hatten, wer von ihnen der Größte sei, bleiben in ihrem Denken gefangen. Sie bestehen auf ihrem Vorrang gegenüber solchen, die sich auf Jesus berufen, sich aber nicht in seine Nachfolge begeben. Mit Jesu Antwort gibt Markus seiner Gemeinde Grundregeln für den Umgang mit Außenseitern und Sympathisanten an die Hand. Am Anfang steht eine Nützlichkeitserwägung. Die Benutzung des Namens wird zwar nicht gutgeheißen, es bleibt aber zu bedenken, dass von solchen Menschen keine Gefahr zu erwarten ist. Das zweite Wort versteht großzügig jeden als Sympathisanten, der nicht ausdrücklich feindlich auftritt. Wer aus dieser Position den Jüngern wegen ihrer Christus-Zugehörigkeit einen Dienst erweist, wird belohnt werden. Nicht mit dem sensationellen Auftreten eines Wunderheilers wird diese Aussage verbunden, sondern mit der verborgenen, unauffälligen Hilfe.	Die beiden Teile der Perikope stehen in Spannung zueinander und bleiben als Worte des Auferstandenen aktuell. Welche Maßstäbe und Anregungen bietet der Text für christliche Toleranz in einer pluralistischen Gesellschaft heute, wenn man zugleich die Aussagen über die Ärgernisse im Blick behält? ❷ Wie sind die Regeln auf unsere kirchlichen Verhältnisse übertragbar? ❸
⁴² Wer einen von diesen Kleinen, die an mich glauben, zum Bösen verführt, für den wäre es besser, wenn er mit einem Mühlstein um den Hals ins Meer geworfen würde.	Der Aussage, sich nichts auf die eigene Berufung einzubilden und auch kleinste Dienste in ihrer Ausrichtung auf Christus positiv zu bewerten, folgen drastisch formulierte Warnungen vor einer Glaubensgefährdung. Der Glaube ist die entscheidende Bindung an Christus. Markus macht auf das Gewicht und die Rückwirkung eines Verhaltens aufmerksam, das den geringen und einfachen Leuten in der Gemeinde zum Ärgernis wird und zu einem Tun verleitet, das dem Ruf in die Nachfolge Jesu nicht entspricht.	Verführung der „Kleinen, die an mich glauben" – wer und was ist hier gemeint? ❷ Warum darf der Christ nicht, was er kann? Was ist das hier gemeinte Böse? ❷

26. Sonntag im Jahreskreis B

Evangelium: Mk 9,38-43.45.47-48

43 Wenn dich deine Hand zum Bösen verführt, dann hau sie ab; es ist besser für dich, verstümmelt in das Leben zu gelangen, als mit zwei Händen in die Hölle zu kommen, in das nie erlöschende Feuer.
45 Und wenn dich dein Fuß zum Bösen verführt, dann hau ihn ab; es ist besser für dich, verstümmelt in das Leben zu gelangen, als mit zwei Füßen in die Hölle geworfen zu werden.
47 Und wenn dich dein Auge zum Bösen verführt, dann reiß es aus; es ist besser für dich, einäugig in das Reich Gottes zu kommen, als mit zwei Augen in die Hölle geworfen zu werden,
48 wo ihr Wurm nicht stirbt und das Feuer nicht erlischt.

Texterschließung

Solches Ärgernis kann auch aus der eigenen Begierde erwachsen, wie an drei Beispielen demonstriert wird. Es geht nicht um konkrete Praxisanleitung, sondern darum, Entschlossenheit und Beständigkeit in der Nachfolge Jesu einzuschärfen. Von ihnen und dem damit verbundenen Verzicht hängt das Erreichen des ewigen Lebens ab. Ohne sittliche Anstrengung wird der Mensch die Erfüllung im Reich Gottes verfehlen.

Der Weg des Christen ist nicht reine Privatsache und kann nicht beliebig gewählt werden; er erfordert in der Nachfolge Jesu Verzicht und Abgrenzung. Die Perikope ist nicht körperfeindlich und bietet keinen Anlass zu Spekulationen über das Leben nach dem Tod.

Gesprächsimpulse

Wie steht es um das Verhältnis von Körper- und Seelenkultur heute? ❶

Welche Rolle spielt der Glaube in meinem eigenen Leben? Welches Gewicht messe ich ihm bei (vgl. auch den Antwortpsalm)? ❸

Welche Rolle spielt die Erwartung, „in das Leben zu gelangen", bei meinen Entscheidungen? ❸

Kernaussagen der Lesungen

1. Lesung: Num 11,25-29

Während der Wüstenwanderung wird die Stimmung des Volkes angesichts seiner Lebensumstände zum Problem. Auf Gottes Geheiß wählt Mose 70 Älteste aus, die helfen sollen, die Israeliten in der Treue zu Gott zu bestärken. In einer Versammlung beim Bundeszelt werden sie durch bleibende Geistverleihung von Gott zu dieser Aufgabe befähigt. Gleiches widerfährt zwei von ihnen, die aus ungenannten Gründen nicht beim Zelt erschienen waren. Josua hält ihren Verstoß gegen das Geforderte für eine Anmaßung, die unterbunden werden muss. Für Mose lässt die erlebte Geistbegabung erkennen, dass Gottes Geschenk nicht an die kleinliche Einhaltung

2. Lesung: Jak 5,1-6

Reichen Großgrundbesitzern wird der Verlust ihrer Güter und Gottes Gericht angedroht. Noch in der letzten Zeit vor dem Gerichtstag Gottes (Schlachttag) geben sie ihr Verhalten nicht auf. Ihr verfallender Reichtum wird gegen sie sprechen und ihre Ungerechtigkeit wird nicht übersehen werden. – Die Drohrede hat keinen unmittelbaren Bezug zu den übrigen Schriftlesungen. Man kann in ihr aber doch eine beispielhafte, extreme Konkretisierung dessen sehen, was im Evangelium das „Böse" genannt wird, und ein Kontrastbild zum dort genannten geringen Dienst (Wasser reichen).

26. Sonntag im Jahreskreis B

Kernaussagen der Lesungen

von Bedingungen geknüpft ist. Behinderung scheint ihm angesichts einer Gabe, die in noch viel weiterem Ausmaß wünschenswert wäre, nicht angebracht. – Der Text beschreibt das gleiche Verhaltensmuster wie der erste Teil des Evangeliums und spricht von einer Großzügigkeit Gottes und des Mose, wie sie ähnlich die Antwort Jesu widerspiegelt.

Grundgedanken für die Feier des Gottesdienstes

- Glaube – Geschenk und Aufgabe, geschenkte Lebensqualität.
- Die Großzügigkeit Gottes.
- Jesu Vorliebe für das Kleine.
- Jesus zeigt uns Maßstäbe für das Zusammenleben und für ein gelingendes Leben.

Fundgrube

- Vers 41 zu einer Spielszene entfalten.
- Werke der Barmherzigkeit
- Misereor Hungertuch von 1998: Barmherzigkeit u. Gerechtigkeit
- Wege der Glaubenspflege: Gebet, Gottesdienst, Religionsunterricht, Frage nach dem Willen Jesu in unserem Leben
- Das Zwiebelchen: Hoffsümmer, Kurzgeschichten I, 249
- Salbung nach der Taufe, Firmung (vgl. 1. Lesung): befähigt und berufen, in seiner Kraft in dieser Welt zu handeln
- Liturgische Elemente, die betont werden können:
  – Gabenprozession mit dem Kollektenergebnis (für die kleinen und unauffälligen Dienste in der Gemeinde)

- Gesänge:

GL	165	Sag ja zu mir
GL	297	Gott liebt diese Welt
GL	465	Herr, du hast Worte
Hall	19	Ehre sei Gott
Hall	104	Wende das Böse
Hall	112	Ein neuer Himmel
Hall	115	Fürchte dich nicht
S	78	Brot, das die Hoffnung nährt
S	132	Meine engen Grenzen
S	254	Komm, bau ein Haus
S	255	Kleines Senfkorn
T	54	Gott aller Liebe
T	100	Du Licht, das in uns scheint

27. Sonntag im Jahreskreis B

Evangelium: Mk 10,2-16	Texterschließung	Gesprächsimpulse
In jener Zeit 2 kamen Pharisäer zu Jesus und fragten: Darf ein Mann seine Frau aus der Ehe entlassen? Damit wollten sie ihm eine Falle stellen. 3 Er antwortete ihnen: Was hat euch Mose vorgeschrieben? 4 Sie sagten: Mose hat erlaubt, eine Scheidungsurkunde auszustellen und die Frau aus der Ehe zu entlassen. 5 Jesus entgegnete ihnen: Nur weil ihr so hartherzig seid, hat er euch dieses Gebot gegeben. 6 Am Anfang der Schöpfung aber hat Gott sie als Mann und Frau geschaffen. 7 Darum wird der Mann Vater und Mutter verlassen 8 und die zwei werden ein Fleisch sein. Sie sind also nicht mehr zwei, sondern eins. 9 Was aber Gott verbunden hat, das darf der Mensch nicht trennen.	Der Abschnitt schließt nach wenigen Auslassungen an das Evangelium vom 26. Sonntag an. Jesus ist auf judäischem Gebiet auf dem Weg nach Jerusalem und betätigt sich als Lehrer für das Volk und besonders für seine Jünger. Der Text enthält zwei von drei Gemeindebelehrungen, die Markus im 10. Kapitel seines Evangeliums zusammengestellt hat; die dritte über Reichtum und Nachfolge wird am nächsten Sonntag gelesen.

Die Ehescheidung wurde auf Grund von Dtn 24,1-4 – Teil des Gesetzes – im zeitgenössischen Judentum z. T. sehr großzügig gehandhabt, und zwar von seiten des Mannes. Den Pharisäern ist Jesu Position dazu bekannt. Ihre Frage ist der Versuch, ihn zum Widerspruch gegen das Gesetz zu veranlassen. Jesu Gegenfrage hat zum Ziel, die Basis der gängigen Praxis zu benennen. Die Pharisäer sprechen von Erlaubnis, Jesus von Gebot, so wird der Gegensatz zum nachfolgenden Gebot Gottes von Markus noch betont.

Aus der Sicht Jesu ist die Regelung von Dtn 24 und die Art ihrer Anwendung Ausdruck eines gegenüber Gott hart gewordenen Herzens. Es ist notwendig, dahinter zurückzugreifen auf die vom Schöpfer intendierte Ordnung. Die herangezogenen Stellen Gen 1,27 und 2,24 sprechen nicht von Scheidung, sondern von der von Gott gewollten und gegebenen Verbundenheit und Gemeinschaft von Mann und Frau, die es zu bewahren und zu verwirklichen gilt. Sie gemäß damaliger Scheidungspraxis und zugunsten einer neuen Verbindung aufzugeben bedeutet Ehebruch, den Gottes Gebot im Dekalog verbietet. Das Gebot wird in der Jüngerbelehrung gleichermaßen für Mann und Frau herangezogen. | Die Aussage über die Scheidung berührt Probleme, mit denen viele Erwachsene und Kinder heute konfrontiert sind, direkt oder indirekt, positiv oder negativ. Sie wirken auf das Gottes- und Menschenbild zurück. ❶

Inwiefern ist für die Gottesdienstteilnehmer dieses Evangelium Frohe Botschaft? ❷ Was besagt es im Blick auf die heutige Praxis? Welche Fragen spricht der Text an, welche nicht? ❷ Wie ist das Grundmuster der Argumentation Jesu auf andere Situationen zu übertragen? ❷ |

27. Sonntag im Jahreskreis B

Evangelium: Mk 10,2-16	Texterschließung	Gesprächsimpulse
10 Zu Hause befragten ihn die Jünger noch einmal darüber. 11 Er antwortete ihnen: Wer seine Frau aus der Ehe entlässt und eine andere heiratet, begeht Ehebruch gegenüber ihr. 12 Auch eine Frau begeht Ehebruch, wenn sie ihren Mann aus der Ehe entlässt und einen anderen heiratet.	Der Text ist keine juristische Regelung, sondern Botschaft darüber, wie Christen die Ehe als Geschenk Gottes verstehen und leben können, und Warnung vor einer Sichtweise, die neuer Hartherzigkeit gegen Gottes Wort entspringt. Gefordert ist die ehrliche Rückfrage nach dem Schöpferwillen im Geist Jesu.	
13 Da brachte man Kinder zu ihm, damit er ihnen die Hände auflegte. Die Jünger aber wiesen die Leute schroff ab. 14 Als Jesus das sah, wurde er unwillig und sagte zu ihnen: Lasst die Kinder zu mir kommen; hindert sie nicht daran! Denn Menschen wie ihnen gehört das Reich Gottes. 15 Amen, das sage ich euch: Wer das Reich Gottes nicht so annimmt wie ein Kind, der wird nicht hineinkommen. 16 Und er nahm die Kinder in seine Arme; dann legte er ihnen die Hände auf und segnete sie.	In der zweiten Gemeindebelehrung spiegelt sich ebenfalls die Kritik an gängiger Praxis wider: Kinder wurden gering geschätzt, weil sie des Gesetzes unkundig waren und deshalb keine Verdienste vorweisen konnten. Das lieblose und herrschsüchtige Verhalten der Jünger wird nicht begründet, scheint aber auf dieser Linie zu liegen. Das Reich Gottes, das Jesus verkündet, ist jedoch Gabe. Die ihm gegenüber geforderte Haltung, sich beschenken zu lassen, wird gerade von den Kindern verwirklicht. Ihre Einstellung wird zum Vorbild für die Jünger. Sie müssen klein werden vor Gott, bereit, sich überraschen zu lassen, und frei von Berechnung, Herrschsucht und Berufung auf Privilegien. Das Reich Gottes ist dabei als etwas Zukünftiges und doch auch schon Gegenwärtiges gedacht; im Wirken Jesu ist es zu erfahren. In seinem Segen erfüllen sich der Wunsch der Leute und das in den Versen 14f Angesagte für die Kinder.	In der Nachfolge Jesu können Christen in einer Leistungsgesellschaft, deren Kinderfeindlichkeit beklagt wird, ein Segen sein für Kinder. ❶ Wie kann das in der Gemeinde, in unserem Verhalten spürbar werden? ❸ Wie weit bestimmt das Beispiel Jesu das Verhältnis zu den Schwachen im allgemeinen und die Einschätzung der Menschen? ❷ + ❸ Die Perikope spricht von einer „kindlichen" Haltung aller gegenüber dem Reich Gottes. Was heißt das für mich, für uns, für die Gemeinde? ❷ + ❸

Kernaussagen der Lesungen

1. Lesung: Gen 2,18-24	2. Lesung: Hebr 2,9-11
Zur glücklichen Entfaltung des Menschen gehört die Gemeinschaft mit seinesgleichen. Die Natur, die der Mensch geistig in Besitz nimmt (Benennung), kann die notwendige „Hilfe" nicht bieten.	Die Erfahrung in der sichtbaren Welt droht die Hoffnung der Adressaten des Hebräerbriefes auf die Weltherrschaft Christi zu erdrücken. Der Verfasser stellt dem ein „Sehen" im Glauben gegen-

27. Sonntag im Jahreskreis B

Kernaussagen der Lesungen

Mann und Frau sind nach verbreiteten Redewendung „ein Gebein und ein Fleisch", das will die Erzählung von der Erschaffung aus der Rippe verdeutlichen. Zusammengehörigkeit, nicht Unterordnung wird hier wie auch in der Bezeichnung als Mann (*isch*) und Frau (*ischah*) ausgedrückt. Aus dieser Zuordnung erwächst die Ehe als intensivste Lebensgemeinschaft. – Auf den letzten Vers der Lesung nimmt Jesus im Evangelium Bezug.

Bewältigung des Lebens. Vollendung begründet. Es war angemessen und Gottes Wille, dass der Sohn den Menschen bis in den Tod hinein gleich wurde, um die Macht des Todes und des Teufels zu brechen. – Mit diesem Sonntag beginnt eine fortlaufende Lesung aus dem Hebräerbrief. Auch ohne direkten inhaltlichen Bezug kann der Text in Erinnerung rufen, was der Lehre Jesu auf dem Weg nach Jerusalem, wo „er für alle den Tod erlitt", ihr bleibendes Gewicht gibt.

Grundgedanken für die Feier des Gottesdienstes

- Ehe und Familie: geschenkter Lebensraum, Gabe und Aufgabe.
- Jesus – ein Segen für die Schwachen.
- Gemeinde – ein Segen(sort) für Kinder.
- Christen: Zeichen der Zuwendung Gottes in der Welt.
- Gottes Reich wird uns geschenkt.

Fundgrube

- Herausarbeiten des Grundmusters der Argumentation Jesu als Weg, gewohnte Verhaltensweisen und Urteile zu hinterfragen.
- Hartherzigkeit: vgl. z. B. Jer 31,33; Ez 11,19
- Bilder:
  – Segnung der Kinder durch Jesus
  – von der Erschaffung des Menschen
  – Sieger Köder, Bilder zum AT, Nr. 3

- (Gemalte) Wünsche von Kindern an die Gemeinde u. a. vorstellen
- V. 13-16 spielen, unter besonderer Betonung der Hände (Pantomime, Schattenspiel)
- Zu V. 13-16 Bericht aus unterschiedlicher Perspektive (Jünger, Kinder, „man")
- Segensgestus deuten (Zeichen, Inhalt)
- Liturgische Elemente, die betont werden können:
  – Einleitung zum Vaterunser unter Bezug auf Mk 10,15
  – Feierlicher Schlusssegen
  – Kinder- (und Eltern-) Segnung

- Gesänge:

  GL 272 Singt das Lied der Freude
  GL 281 Danket dem Herrn
  GL 292 Herr, dir ist nichts verborgen
  Hall 78 Nichts soll dich ängstigen
  Hall 84 Zeige uns den Weg
  Hall 85 Bleib bei uns
  Hall 117 Komm, lass dieses Fest
  S 139 Wie ein Vogel
  T 129 Bleib mit deiner Gnade

  Segenslieder:
  Komm, Herr, segne uns
  Bewahre uns Gott
  Herr, wir bitten, komm und segne

28. Sonntag im Jahreskreis B

Evangelium: Mk 10,17-27	Texterschließung	Gesprächsimpulse
In jener Zeit **17** lief ein Mann auf Jesus zu, fiel vor ihm auf die Knie und fragte ihm: Guter Meister, was muss ich tun, um das ewige Leben zu gewinnen?	Im Evangelium dieses Sonntags sind zwei Szenen miteinander verbunden: die Begegnung Jesu mit einem Reichen (V. 17-22) und eine anschließende Jüngerbelehrung über die Gefahr des Reichtums (V. 23-27).	Ewiges Leben bedeutet für mich… ❶
	Der Mann, der zu Jesus kommt, glaubt an die Auferstehung der Toten, wie seine Frage erkennen lässt. Deshalb treibt ihn die Sorge um, ob er so handelt, dass er gleichsam als Frucht dessen das vollendete Leben bei Gott erreichen kann. Angesichts unterschiedlicher Auslegungen des Gesetzes erhofft er sich von Jesus, dem er mit Hochschätzung entgegentritt (Niederfallen, Anredeweise), eine sichere Auskunft.	Die Sehnsucht der Menschen nach ewigem Leben wird heute oft überdeckt von der Frage: Wie kann ich mein Leben absichern, verlängern, auskosten? – Welche Sehnsüchte haben wir? – Was bedeutet für uns Himmel? ❶
18 Jesus antwortete: Warum nennst du mich gut? Niemand ist gut außer Gott, dem Einen.	Jesus weist zunächst die Anrede des Mannes zurück und macht damit deutlich, dass die Antwort auf die gestellte Frage allein von Gott kommen kann, nicht von irgendwelchen Autoritäten.	
19 Du kennst doch die Gebote: Du sollst nicht töten, du sollst nicht die Ehe brechen, du sollst nicht stehlen, du sollst nicht falsch aussagen, du sollst keinen Raub begehen; ehre deinen Vater und deine Mutter!	Dennoch antwortet Jesus und gibt damit seinen Anspruch zu erkennen, ganz am Willen Gottes ausgerichtet zu sein. Dieser Gotteswille ist in den Zehn Geboten zu finden. Dabei konzentriert Jesus seine Auskunft exemplarisch auf die zweite Gesetzestafel, die die Pflichten gegenüber den Mitmenschen benennt. Die soziale Ausrichtung des Lebens wird also betont. Sie ist die Kehrseite der Gottesliebe und bewahrt vor Selbstgerechtigkeit.	Was nimmt in unserem Leben den ersten Platz ein? ❶
20 Er erwiderte ihm: Meister, alle diese Gebote habe ich von Jugend an befolgt. **21** Da sah ihn Jesus an, und weil er ihn liebte, sagte er: Eines fehlt dir noch: Geh, verkaufe, was du hast, gib das Geld den Armen und du wirst einen bleibenden Schatz im Himmel haben; dann komm und folge mir nach!	Der Mann kann über diese Auskunft Jesu beruhigt sein. So hat er bisher gelebt. Das Gespräch nimmt jetzt aber eine überraschende Wendung: Er wird eingeladen zu radikalem Besitzverzicht zugunsten der Armen und zum Anschluss an die Jüngergruppe, die mit Jesus auf dem Weg ist nach Jerusalem. Die erste Äußerung Jesu bleibt gültig. Aber für diesen Mann gilt die Antwort auf die Ausgangsfrage nach dem Guten, das *er* („ich" in V. 17) zu tun hat, der Ruf in die persönliche Nachfolge Jesu, wie gerade der Anfang von V. 21 erkennen lässt.	Loslassen von Sicherheiten und Bindungen um eines speziellen Rufes Jesu willen: Vielleicht können Sie Situationen benennen, in denen so etwas verwirklicht wurde. ❷ + ❸

28. Sonntag im Jahreskreis B

Evangelium: Mk 10,17-27	Texterschließung	Gesprächsimpulse
22 Der Mann aber war betrübt, als er hörte, und ging traurig weg: denn er hatte ein großes Vermögen.	Sein Besitz (von dem erst jetzt die Rede ist) hindert den Mann, die Einladung Jesu anzunehmen. Seine Antwort besteht in seiner betrübten Abwendung (vgl. dagegen Jesu Zuwendung in V. 21).	Alles gering achten um des Evangeliums willen – Wie kann das aussehen? ❷
23 Da sah Jesus seine Jünger an und sagte zu ihnen: Wie schwer ist es für Menschen, die viel besitzen, in das Reich Gottes zu kommen! 24 Die Jünger waren über seine Worte bestürzt. Jesus aber sagte noch einmal zu ihnen: Meine Kinder, wie schwer ist es, in das Reich Gottes zu kommen! 25 Eher geht ein Kamel durch ein Nadelöhr, als dass ein Reicher in das Reich Gottes gelangt.	Jetzt sieht Jesus seine Jünger an wie vorher den Reichen (V. 23, 27 und 21). Klagend hält er fest, was am Beispiel dieses Mannes zu erkennen ist: Reichtum ist eine Gefahr auf dem Weg zum ewigen Leben bzw. zum Reich Gottes, wie es jetzt heißt. Mit der Anrede „meine Kinder" will Jesus den Jüngern wohl deutlich machen, dass sie dieser Gefahr nicht enthoben sind. Die Wiederholung in V. 24 ist allgemeiner formuliert: Aus eigener Kraft ist das Ziel überhaupt nicht zu erreichen. Die Unmöglichkeit wird mit einem drastischen Vergleich unterstrichen, bei dem wieder der Reichtum im Blick ist.	Jesu Wort: „Wie schwer ist es, in das Reich Gottes zu kommen!", lässt die Jünger erschrecken. Wie war/ist Ihre Reaktion? ❷ Was bedeutet Ihnen Jesu Antwort in V. 27? ❸
26 Sie aber erschraken noch mehr und sagten zueinander: Wer kann dann noch gerettet werden? 27 Jesus sah sie an und sagte: Für Menschen ist das unmöglich, aber nicht für Gott; denn für Gott ist alles möglich.	Ist dann alles Bemühen um den in den V. 19 genannten Weg nicht von vornherein aussichtslos? Jesu Antwort auf die bestürzte Frage der Jünger: Nein, wenn der Weg im Wissen um die völlige Angewiesenheit auf die Gnade Gottes gegangen wird. Die Jünger brauchen wie alle Christen nach ihnen keine Sorge zu haben, wenn sie auf die größeren Möglichkeiten Gottes vertrauen und das ihnen Mögliche nach dem Willen Gottes tun. „So hält sich die Mahnung zu äußerstem Einsatz und der Zuspruch radikaler Hilfe Gottes die Waage. Trotz der Schärfe der Worte Jesu … lässt Markus kein Klima entstehen, das zu einer Ächtung der Reichen, die auch in der Gemeinde leben, führen könnte" (M. Theobald).	

28. Sonntag im Jahreskreis B

Kernaussagen der Lesungen

König Salomo (10. Jh. v. Chr.) spricht in diesem Text aus dem 1. Jh. v. Chr. ein Lob auf die Weisheit aus. Er hatte für sein Amt darum gebeten (1 Kön 3,4-15). Macht, Reichtum, Gesundheit, Schönheit erschienen ihm dagegen wertlos. Als ihm der Geist der Weisheit verliehen wurde, konnte er erfahren, dass die Konzentration auf dieses höchste Gut nicht Verlust und Verzicht bedeutet, sondern alles Genannte mitumfasst und dessen Ursprung war (vgl. V. 12). – Der hier beschriebene Weise liefert in seinem Verhalten ein Gegenbild zum reichen Mann im Tagesevangelium.

Der Lesung geht im Hebräerbrief eine Warnung vor dem Ungehorsam gegen Gottes Wort unmittelbar voraus. Durch den Glauben will sich das Wort mit dem Hörer verbinden (vgl. Hebr 4,2). In ihm wirkt der allwissende und richtende Gott selber. Kehrseite einer solchen Aussage über die richtende Kraft des Gotteswortes ist das Bekenntnis zu seiner aufrichtenden und Leben schaffenden Macht für den, der sich gläubig darauf einlässt.

Grundgedanken für die Feier des Gottesdienstes

- Jesus lädt uns ein, unseren persönlichen Weg der Nachfolge zu suchen. Wir dürfen das auch heute vertrauensvoll Jesus nachgehen.

- Kümmert euch zuerst um das Reich Gottes, alles andere wird euch hinzugegeben.

Fundgrube

- Texte:
  - Heiligenlegenden
  - Geschichten von Ordensleuten
  - Hoffsümmer, Kurzgeschichten I, 63.133; III, 131.199.204; IV, 93.134.157
- Bilder:
  - Porträts engagierter Christen
  - Wegweisender Christus (PWB)
  - Thomas Zacharias, Jerusalem (Poster; Dia im Handbuch 1)
  - Meister des Hildegardis-Codex, Die wahre Dreiheit…
  - eine offene, leere Schale
  - einzelne Gesichter aus dem Hungertuch „Augen-Blicke des Friedens" (2002)

- Aktionen:
  - Wir bauen eine Kirche aus „Bausteinen" (Karton).
  - Wir bauen eine „Scheibe" der Seligpreisungen (Kreis in Segmente teilen und beschriften).
  - Collage aus Stimmen, die uns sagen, worauf es (angeblich) ankommt
  - Kleine Edelsteine mitgeben (vgl. 1. Lesung)
- Liturgische Elemente, die betont werden können:
  - Sonntägliches Taufgedächtnis
  - Kyrie-Rufe mit dem Gedanken der Nachfolge (vgl. GL 495,7)
  - vor den Schriftlesungen am Ambo eine Kerze anzünden (Bezugnahme auf Hebr 4,12f)
  - Akklamationen am Schluss von Lesung und Evangelium singen
  - Gabenprozession mit Kollektenergebnis und Brot und Wein

- Gesänge:

GL	270	Kommt herbei, singt
GL	614	Wohl denen, die da
GL	621	Ich steh vor dir
Hall	4	Wir feiern ein Fest
Hall	63	Wenn wir das Leben
Hall	71	Wir gehen aufeinander zu
Hall	84	Zeige uns den Weg
Hall	116	Menschen auf dem Weg
Hall	139	Wir gehen unsere Wege
S	253	Ubi caritas et amor
S	271	Unser Leben sei ein Fest
S	367	Weizenkörner, Trauben
T	99	Glücklich sind

29. Sonntag im Jahreskreis B

Evangelium: Mk 10,35-45	Texterschließung	Gesprächsimpulse
In jener Zeit 35 traten Jakobus und Johannes, die Söhne des Zebedäus, zu Jesus und sagten: Meister, wir möchten, dass du uns eine Bitte erfüllst. 36 Er antwortete: Was soll ich für euch tun? 37 Sie sagten zu ihm: Lass in deinem Reich einen von uns rechts und den andern links neben dir sitzen. 38 Jesus erwiderte: Ihr wisst nicht, um was ihr bittet. Könnt ihr den Kelch trinken, den ich trinke, oder die Taufe auf euch nehmen, mit der ich getauft werde? 39 Sie antworteten: Wir können es. Da sagte Jesus zu ihnen: Ihr werdet den Kelch trinken, den ich trinke, und die Taufe empfangen, mit der ich getauft werde. 40 Doch den Platz zu meiner Rechten und zu meiner Linken habe ich nicht zu vergeben; dort werden die sitzen, für die diese Plätze bestimmt sind. 41 Als die zehn anderen Jünger das hörten, wurden sie sehr ärgerlich über Jakobus und Johannes.	Dem Schrifttext des heutigen Sonntags geht bei Markus die dritte Leidensankündigung voraus; Jesu Worte und Taten münden ein in sein Leiden, Sterben und seine Auferstehung. Zum dritten Mal hören wir von einem Missverständnis der Jünger. Die Bitte der beiden Jünger ist auf dem Hintergrund von Mk 8,38 und 13,26 zu lesen: Der Menschensohn wird zum Gericht wiederkommen; dann möchten Jakobus und Johannes an herausgehobener Stelle (auf Herrscher- und Richterthronen) am Geschehen teilhaben. Sie planen schon über das Bevorstehende hinaus. Das Verwerfliche ihrer Bitte besteht darin, dass sie – unmittelbar nach der erneuten Leidensankündigung Jesu und auf dem Weg nach Jerusalem – das Kreuz dabei ganz aus dem Blick lassen. Jesus muss sie daher zunächst auf die Tragweite ihrer Bitte hinweisen. Becher und Taufe stehen für das Leiden und den Tod, die Jesus wird erdulden müssen. Seine Gegenfrage heißt also: Seid ihr bereit und in der Lage, mein Geschick zu teilen und in meiner Nachfolge Passion und gewaltsamen Tod auf euch zu nehmen? Damit ist in bildhafter Rede sehr konkret auf den Weg verwiesen, der zu dem von den Jüngern erhofften Ziel führt. Ihre Reaktion klingt selbstgefällig. Jesu Antwort nimmt den zuvor genannten Maßstab nicht zurück, verweist aber auf die freie Entscheidung Gottes. Nicht der Gedanke an Lohn soll daher die Jünger bestimmen, sondern allein die Beziehung zu Jesus und die Bereitschaft, seinen Weg mitzugehen. Auf die Verärgerung der anderen reagiert Jesus mit einer Belehrung, zu der er die Zwölf eigens um sich versammelt. Markus macht damit deutlich, dass es jetzt	Wir leben heute in einer Welt, in der Besitz, Gewinnstreben, Macht und Ansehen eine übergeordnete Rolle spielen: – Wo erleben wir Selbstbehauptung auf Kosten anderer? ❶ – Wie weit geht unsere Bereitschaft, Jesus zum Maßstab unseres Handelns zu machen und Alternativen zu den Maßstäben unserer Umwelt zu entwickeln? ❷

29. Sonntag im Jahreskreis B

Evangelium: Mk 10,35-45	Texterschließung	Gesprächsimpulse
42 Da rief Jesus sie zu sich und sagte: Ihr wisst, dass die, die als Herrscher gelten, ihre Völker unterdrücken und die Mächtigen ihre Macht über die Menschen missbrauchen. 43 Bei euch aber soll es nicht so sein, sondern wer bei euch groß sein will, der soll euer Diener sein, 44 und wer bei euch der Erste sein will, soll der Sklave aller sein. 45 Denn auch der Menschensohn ist nicht gekommen, um sich dienen zu lassen, sondern um zu dienen und sein Leben hinzugeben als Lösegeld für viele.	um eine grundlegende Aussage zur Ordnung der Gemeinde geht. Nicht mehr die himmlische Welt ist im Blick, sondern das Zusammenleben in der Jüngergemeinde in dieser Zeit. Was hier über den Missbrauch der Macht vermeintlicher Herrscher gesagt wird (in V. 42 verbirgt sich ein Hinweis auf den eigentlichen Herrscher: Gott), haben die Adressaten des Evangeliums in ihrer Umwelt erfahren können. In der Gemeinde („bei euch", so betont dreimal in V. 43f), in der es sicher auch Ehrgeiz und soziale Spannungen gab, soll es nicht so zugehen. Hier sind die Verhältnisse umgekehrt, stehen im Kontrast dazu. Dienstbereitschaft gegenüber allen muss auch die bestimmen, die führende Aufgaben wahrnehmen. Das Verhalten Jesu selber gibt Grund dazu. Er ist von Gott gekommen, nicht um selber den Menschen zu dienen. Diese helfende Zuwendung Jesu ging bis zur freiwilligen Hingabe seines Lebens, um die Vielen (hier: die Menschheit) zu befreien aus der Verstrickung in die Sünde. Das Beispiel Jesu und seine rettende Tat der Hingabe für die Vielen am Kreuz verpflichtet alle Jünger ihrerseits dazu, in seiner Nachfolge den Weg des Dienens zu gehen, nicht des Herrschens.	Wo erfahren wir Macht und Unterdrückung, auch in unserem Alltag? ❶ „Dienen" – ein in der Kirche viel verwendetes Wort. Was verstehen Sie darunter? ❷ Wo erfahre ich Befreiung aus der Verstrickung in die Sünde? ❸

Kernaussagen der Lesungen

1. Lesung: Jes 53,10-11	2. Lesung: Hebr 4,14-16
Die Lesung ist dem 4. Gottesknechtslied des Jesaja entnommen. Christen können dieses Lied auf Jesus Christus beziehen. Er hat das Geschick des Gottesknechtes erlitten und die Schuld der Vielen auf sich genommen. Durch ihn hat Gott den Teufelskreis von Gewalt und Sünde durchbrochen und Versöhnung und einen Neuanfang gestiftet. – Am Ende des heutigen Evangeliums ist auf diese Verse Bezug genommen.	Der Hebräerbrief wendet sich an eine Gemeinde, deren Glaube in die Krise geraten ist. Er zeigt Christus als den Hohenpriester, der auch in Leid und Versuchung mit uns solidarisch war. Diesen Glauben an „Jesus, den Sohn Gottes" gilt es mit Ausdauer festzuhalten. Er gibt die Zuversicht, bei Gott „Erbarmen und Gnade" zu finden. – Das Bildwort vom „Thron der Gnade" kann verdeutlichen helfen, warum nach dem Evangelium das gegenseitige Dienen die Jüngergemeinde Jesu kennzeichnen soll.

29. Sonntag im Jahreskreis B

- Jesus, der Maßstab für uns?
- Unsere Hoffnung.
- Kirche – Wohngemeinschaft mit Gott?
- Herrschen und Dienen.

Fundgrube

- **Texte:**
  - Christophoruslegende
  - Kurzgeschichten vom Dienen: Hoffsümmer, Kurzgeschichten I, 29; II, 179; III, 59.121; IV, 52.
- Schilder und Namen von Persönlichkeiten (Berufe, Fußballer, Schauspieler usw.): Wer ist der Wichtigste? Wer Diener sein will!
- **Bilder:**
  - Bild von der Fußwaschung
  - Abendmahl, Motiv 22 in Th. Zacharias, Farbholzschnitte zur Bibel (Dia, Wandbild)

- Collage: Mein Traum von Gemeinde
- Bericht eines Apostels über die ganze Episode oder Interview mit ihm
- „Dienen, Sklave, herrschen" zu „übersetzen" versuchen (z. B. in Bezug auf den Kapitän einer Fußballmannschaft, Bergführer, Klassensprecher)
- Dienende Berufe in der Kirche; dazu Vertreter einladen, z.B. Altenpfleger, Sterbebegleiter…
- Liturgische Elemente, die betont werden können:
  - Prozessionen entfalten: Einzug, Auszug, Evangelienprozession, Kommuniongang
  - geschmücktes Kreuz (vgl. Mk 10,45)
  - Kyrie-Prädikationen auf der Basis von Mk 10,45
  - Antwortpsalm (vgl. GL 722,1)
  - Brotbrechung

- **Gesänge:**

GL	174	Jesus Christus ist der Herr
GL	175	Christus, Gottes Lamm
GL	553	Du König auf dem Kreuzesthron
Hall	56	Wir lassen uns auf Jesus ein
Hall	58	Jesus, der Menschensohn
Hall	65	Wo Menschen sich vergessen
S	93	Einer hat und angesteckt
S	367	Weizenkörner, Trauben
S	458	Herr, mache mich zum Werkzeug
T	7	Vertraut dem Herrn
T	11	Oculi nostri / Unsere Augen
T	18	Confitemini Domino

30. Sonntag im Jahreskreis B

Evangelium: Mk 10,46-52	Texterschließung	Gesprächsimpulse
In jener Zeit, **46** als Jesus mit seinen Jüngern und einer großen Menschenmenge Jericho verließ, saß an der Straße ein blinder Bettler, Bartimäus, der Sohn des Timäus. **47** Sobald er hörte, dass es Jesus von Nazaret war, rief er laut: Sohn Davids, Jesus, hab Erbarmen mit mir! **48** Viele wurden ärgerlich und befahlen ihm zu schweigen. Er aber schrie noch viel lauter: Sohn Davids, hab Erbarmen mit mir! **49** Jesus blieb stehen und sagte: Ruft ihn her! Sie riefen den Blinden und sagten zu ihm: Hab nur Mut, steh auf, er ruft dich. **50** Da warf er seinen Mantel weg, sprang auf und lief auf Jesus zu. **51** Und Jesus fragte ihn: Was soll ich dir tun? Der Blinde antwortete: Rabbuni, ich möchte wieder sehen können.	Der letzte von Markus erzählte Wunderbericht macht den Sinn der Heilungsberichte deutlich. Sie sollen den Glauben vertiefen und sehend machen für den Lebensweg der Nachfolge. An Bartimäus zeigt sich, was an denen geschieht, die sich vertrauensvoll Jesus zuwenden. Jesus ist auf dem Weg nach Jerusalem und damit zu seiner Kreuzigung. Der namentlich bekannte Bettler weiß über Jesus und sein Wirken offensichtlich Bescheid. Mit der Anrede „Sohn Davids" drückt er den Glauben aus, dass dieser Jesus der Messias ist, von dem er Hilfe erfahren kann. Seiner Umgebung ist sein Rufen lästig; aber er lässt sich von ihr nicht von der Äußerung seiner Hoffnung und seines Glaubens abbringen. Es gelingt dem Blinden, Jesus durch seinen zweifach berichteten, vertrauensvollen Bittruf auf sich aufmerksam zu machen und die ganze Volksmenge zum Anhalten zu bewegen. Die Ausgrenzung wird vom Auftrag Jesu, ihn zu rufen, überwunden. Die Tatsache, dass er seinen Mantel zurücklässt, zeigt seine Aufregung. Jesus wendet sich ihm mit einer Frage zu. Sie klingt wie die einer Audienz Gewährenden gegenüber einem Bittsteller. Jesus weiß sich mit Vollmacht ausgestattet. Die Art, wie der Bettler ihn respektvoll anredet (Rabbuni = mein Gebieter), bestätigt die Einschätzung Jesu, die schon sein Erbarmensruf zum Ausdruck gebracht hatte. Mit einer knappen Bitte verlangt der Blinde Gewaltiges, Unerhörtes.	Blind – und doch sehend; sehend – und doch blind: Welche Beispiele fallen Ihnen dazu ein? ❶ Wo haben Sie schon erlebt, dass Glaube und Vertrauen Mut machen können, Bitten auszusprechen und nicht locker zu lassen? ❶ Wie gehen wir mit Menschen um, die behindert sind? ❶

30. Sonntag im Jahreskreis B

Evangelium: Mk 10,46-52	Texterschließung	Gesprächsimpulse
52 Da sagte Jesus zu ihm: Geh! Dein Glaube hat dir geholfen. Im gleichen Augenblick konnte er wieder sehen und er folgte Jesus auf seinem Weg.	Wir erfahren nichts von einem Heilungswort oder -gestus Jesu. Für Markus steht überhaupt nicht das Heilungswunder im Mittelpunkt des Interesses, sondern der Glaube des Mannes und das daraus erwachsende vertrauensvolle Gebet. Dieser Glaube verhilft ihm nicht nur zur Wiedergewinnung seiner Sehfähigkeit, sondern führt ihn in eine neue Beziehung zu Jesus, in die rettende Lebensgemeinschaft mit dem „Sohn Davids". Er erfährt durch ihn Gottes heilende Zuwendung und wird selber zum Zeichen des anbrechenden Gottesreiches. Als Jünger Jesu macht er sich mit ihm auf den Weg nach Jerusalem. „Die Erzählung fordert ... dazu auf, in jeder Not sich vertrauensvoll an Jesus, den Herrn, zu wenden und um Hilfe zu bitten. Die Erhörung unserer Bitten soll zu vertiefter Gemeinschaft mit Jesus Christus und zu freudiger Nachfolge führen" (O. Knoch).	Glaube hilft, heilt. Vielleicht können Sie Beispiele dafür benennen. ❷+❸ „Wunder gibt es immer wieder…": Vielleicht fallen Ihnen Situationen ein, in denen Sie so etwas wie eine Blindenheilung erlebt haben… Wo sind unsere „blinden Flecken"? ❷ + ❸

Kernaussagen der Lesungen

1. Lesung: Jer 31,7-9	2. Lesung: Hebr 5,1-6
Die Verse stehen im sog. Trostbuch (Kap. 30 - 31) des Propheten Jeremia. Er verkündet den aus Israel und Juda Verschleppten und bis an die „Enden der Erde" Zerstreuten ein neues befreiendes Handeln Gottes. Gottes Vaterliebe, auf die sich sein Volk auch in den dunklen Zeiten verlassen kann, garantiert einen Neubeginn. Sie wird auch die nicht übersehen, die dabei besonderer Unterstützung bedürfen: Blinde und Lahme, Schwangere und Wöchnerinnen werden genannt. – Im Evangelium erfährt ein Blinder das rettende Eingreifen Gottes in Jesus Christus.	Der Text führt die Überlegungen zum Hohenpriestertum Jesu Christi vom vorhergehenden Sonntag fort, mit denen die Gemeinde im Glauben gestärkt und ermutigt werden soll. Ein Hohepriester kann seine Mittlerrolle nur wahrnehmen, weil er aus der Mitte der Menschen genommen und mit ihnen solidarisch ist und weil er von Gott berufen wurde. Diese Kriterien treffen auch auf Jesus Christus zu. Zugleich wird mit dem Schriftbeweis (Ps 2,7; 110,4) auf das Besondere am Priestertum Christi hingewiesen. Er ist der Sohn Gottes, der ein für alle Mal für die Menschen eingetreten ist.

30. Sonntag im Jahreskreis B

Grundgedanken für die Feier des Gottesdienstes

- Im Glauben sehend werden.
- Sehen – mehr sehen.
- Sehen aus dem Glauben macht fähig, den Weg Jesu zu teilen.
- Jesus, Sohn Davids.

Fundgrube

- Das Evangelium lässt sich gut in Szenen einteilen, die zur Vorbereitung des Gottesdienstes von Kindern auf Folie gemalt werden.
- Pantomime: Erfahrungen von Blindsein – Freude des Sehenkönnens
- Rollenspiel: Nachfolgen – mitgehen – mehr sehen
- Zeichen/Symbole:
  - Fußspuren ausschneiden und beschriften
- Kurzgeschichten: z.B. Hoffsümmer, Kurzgeschichten I, 94.122; IV, 23.128

- Bilder:
  - Wandbilder und Dias zur Perikope von Kees de Kort
  - Maiestas-Domini-Darstellung (z. B. aus dem Echternacher Evangeliar; Dia in: Seht das Wort)
  - „Blindenheilung" von Beate Heinen (als Postkarte 5462, Kunstverlag Maria Laach)
  - Hungertuch 2002 „Augen-Blicke des Friedens" (Blickrichtung, Kreuzesnachfolge)
- Liturgische Elemente, die betont werden können:
  - Kyrie-Rufe mit Prädikationen ähnlich Mk 10,47f
  - Evangelienprozession
  - Glaubensbekenntnis mit Verweis auf Mk 10,52 einleiten und gemeinsam singen oder sprechen
  - Hochgebet für Messfeiern mit Kindern III (mit Einschub: Advent)
  - Vaterunser mit Gesten

- Gesänge:

GL	555	Morgenstern der finstern Nacht
GL	557	Du höchstes Licht
GL	643	O Jesu Christe wahres Licht
Hall	17	Ohren gabst du mir
Hall	53	Einer ist unser Leben
Hall	105	Fürchte dich nicht
Hall	124	Alle Knospen springen auf
S	256	Wir haben Gottes Spuren
S	257	Wenn das Brot, das wir teilen
T	36	Spiritus Jesu Christi
T	46	In te confido / Jesus Christus, auf dich vertraue ich
T	58	Misericordias Domini

31. Sonntag im Jahreskreis B

Evangelium: Mk 12,28b-34	Texterschließung	Gesprächsimpulse
In jener Zeit **28b** ging ein Schriftgelehrter zu Jesus hin und fragte ihn: Welches Gebot ist das erste von allen?	Das Evangelium bietet eines der (Streit-)Gespräche, die Jesus am Tag nach der Tempelreinigung (Mk 11,15-19) im Tempel führt. Offenbar kann Jesus immer noch unbehelligt in aller Öffentlichkeit im Tempel lehren. Die ernsthafte Frage des Schriftgelehrten nach dem „ersten" Gebot meint ein Doppeltes: Welches Gebot hat unter allen Geboten den ersten Rang und verdient daher besondere Beachtung? Und welches Gebot ist das erste, von dem alle anderen Gebote sich herleiten und in dem sie daher auch zusammengefasst sind?	Die Frage nach den grundlegenden Werten und Lebensregeln ist immer aktuell. Wo und wie begegnet Ihnen diese Frage in der Öffentlichkeit, in den Medien, in der Gemeinde? ❶
29 Jesus antwortete: Das erste ist: Höre, Israel, der Herr, unser Gott, ist der einzige Herr.	In seiner Antwort zitiert Jesus das Glaubensbekenntnis, das jeder fromme Jude täglich betet. Schon in diesem zentralen Text ist, so Jesus, die Antwort auf die Frage grundgelegt. Deutlich wird: Gebote sind Antwort auf das Hören, auf Erfahrungen, die Israel mit seinem Gott gemacht hat. Nur wer diesen Gott, seine Worte und Taten wahrnimmt, wer begreift, dass dieser Gott ein liebender Gott ist, kann seine Gebote richtig verstehen.	Wie empfinden Sie vor diesem Hintergrund die Antwort Jesu? ❷
30 Darum sollst du den Herrn, deinen Gott, lieben mit ganzem Herzen und ganzer Seele, mit all deinen Gedanken und all deiner Kraft.	Darum ist das erste Gebot die Antwort der Liebe, die der Mensch als Ganzer zu geben hat. Ein solches Verständnis des Gebotes als Antwort auf die erfahrene Liebe und Einzigartigkeit Gottes schließt jede Deutung von Gebotserfüllung als Leistung und Verdienst des Menschen aus.	Liebe als Gebot: Wie verstehen und deuten Sie das? ❷
31 Als zweites kommt hinzu: Du sollst deinen Nächsten lieben wie dich selbst. Kein anderes Gebot ist größer als diese beiden.	Weil Gott die Menschen liebt, schließt die Liebe zu Gott immer auch die Liebe zu den Menschen ein. Liebe zu Gott ohne Liebe zu den von ihm geliebten Menschen ist ein Ding der Unmöglichkeit. Als innere Konsequenz (zweites Gebot) gehört daher das Gebot der Nächstenliebe zum Gebot der Gottesliebe dazu. Die Zählung von erstem und zweitem Gebot stellt also	Wie sehen Sie das Verhältnis von Gottesliebe, Nächstenliebe und Selbstliebe? ❶ + ❷

31. Sonntag im Jahreskreis B

Evangelium: Mk 12,28b-34	Texterschließung	Gesprächsimpulse
32 Da sagte der Schriftgelehrte zu ihm: Sehr gut, Meister! Ganz richtig hast du gesagt: Er allein ist der Herr, und es gibt keinen anderen außer ihm. 33 und ihn mit ganzem Herzen, ganzem Verstand und ganzer Kraft zu lieben und den Nächsten zu lieben wie sich selbst, ist weit mehr als alle Brandopfer und anderen Opfer. 34 Jesus sah, dass er mit Verständnis geantwortet hatte, und sagte zu ihm: Du bist nicht fern vom Reich Gottes. Und keiner wagte mehr, Jesus eine Frage zu stellen.	keine Rangfolge auf, sondern macht die innere Logik deutlich. Die Zusammenfassung der Antwort Jesu durch den Schriftgelehrten zeigt, dass dieser Jesus gut verstanden hat, auch wenn die Einsicht, dass Gebote Antwort auf Erfahrung sind, etwas weniger deutlich zur Sprache kommt. Selten wird in den Evangelien ein Schriftgelehrter von Jesus so gelobt wie hier. Dies ist ebenso bemerkenswert, wie die (göttliche) Autorität, mit der Jesus die Nähe zum Gottesreich zuspricht.	„Keiner wagte mehr, Jesus eine Frage zu stellen." **Warum?** ❷

Kernaussagen der Lesungen	
1. Lesung: Dtn 6,2-6	**2. Lesung: Hebr 7,23-28**
Das Buch Deuteronomium ist eine große Sammlung von Gesetzen, die alle unter die Autorität des Mose gestellt werden. Herzstück ist: „Höre, Israel! Jahwe, unser Gott, Jahwe ist einzig". Es geht hier um das Volk Israel und seinen Gott. Er ist der einzige Gott, der für das Bundesvolk in Frage kommt. Dieser Satz gilt gleichsam als die Anerkennung der Herrschaft Gottes und bildet die Mitte des jüdischen Glaubens.	Durch Jesus Christus hat Gott eine neue, endgültige Heilsordnung geschaffen. Die Priester des Alten Bundes waren sterbliche Menschen, der Schwachheit der Sünde unterworfen. Christus aber ist der Sohn, der ganz Heilige. Er allein konnte sich selbst als makelloses Opfer für unsere Sünden darbringen; durch sein Opfer sind auch wir geheiligt und haben Zugang zu Gott.

31. Sonntag im Jahreskreis B

- Gottes- und Menschenliebe bedingen einander.
- Freude an Gott haben.
- Wo der Geist Gottes wirkt, da ist Freiheit.
- Was macht den Christen aus?

Fundgrube		

• Lied mit Gesten begleiten: Gottes Liebe ist wie die Sonne (Hall 82)
• Liturgische Elemente, die betont werden können:
  – Allgemeines Schuldbekenntnis mit Confiteor („Ich bekenne…", GL 353,4)
  – Gloria
  – Aufforderung zur Gabenbereitung bzw. Kollekte
  – Hochgebet für Messfeier mit Kindern II oder III (mit Einschub: an allen Tagen)
  – Vaterunser: gemeinsam die Hände erheben, öffnen
  – Friedensgruß
	• Gesänge:
	GL 558 Ich will dich lieben
	GL 528.4 Meine Augen schauen
	GL 626.4 Dies ist mein Gebot
	Hall 5 Preis und Ehre
	Hall 9 Jubilate Deo
	Hall 19 Ehre sei Gott
	Hall 25 Halleluja (Taizé)
	Hall 73 Wenn das Brot
	Hall 123 Weg aus der Dunkelheit
	S 93 Einer hat uns angesteckt
	S 253 Ubi caritas et amor
	S 355 Liebe ist nicht nur ein Wort
	S 601 Hine matov
	S 618 Gottes Wort ist wie Licht
	T 36 Spiritus (Dominus) Jesu Christi
	T 39 Du bist der Quell des Lebens
	T 67 Eines nur ist mein Verlangen	

• Blumenkranz der Gebote: König, S. 78
• „Zweiheiten" suchen, die den Zusammenhang der Gebote verdeutlichen können (z. B. Türscharniere, Fahrrad)
• Collagen:
  – Stars, Idole, Vorbilder
  – Ge- und Verbotsschilder erstellen
• Bilder/Symbole/Zeichen:
  – „Schilderwald" aufstellen
  – Bild des gekreuzigten Christus ohne Arme und Füße
  – Toni Zenz, Der Hörende (Dia in: Handbuch 1)		

32. Sonntag im Jahreskreis B

Evangelium: Mk 12,38-44	Texterschließung	Gesprächsimpulse
In jener Zeit **38** lehrte Jesus eine große Menschenmenge und sagte: Nehmt euch in Acht vor den Schriftgelehrten! Sie gehen gern in langen Gewändern umher, lieben es, wenn man sie auf den Straßen und Plätzen grüßt, **39** und sie wollen in der Synagoge die vordersten Sitze und bei jedem Festmahl die Ehrenplätze haben. **40** Sie bringen die Witwen um ihre Häuser und verrichten in ihrer Scheinheiligkeit lange Gebete. Aber um so härter wird das Urteil sein, das sie erwartet. **41** Als Jesus einmal im Tempel dem Opferstock gegenüber saß, sah er zu, wie die Leute Geld in den Kasten warfen. Viele Reiche kamen und gaben viel. **42** Da kam auch eine arme Witwe und warf zwei kleine Münzen hinein.	Im Evangelium des heutigen Sonntags begegnen uns zwei Berichte über Jesus, die scheinbar nichts Gemeinsames haben: In der ersten Szene warnt Jesus vor der Scheinheiligkeit der Schriftgelehrten, die als oberste Lehrer in Sachen Religion gelten. In der zweiten Szene lobt Jesus eine arme Witwe, die alles, was sie hat, Gott schenkt. Doch gerade die Gegensätzlichkeit der Szenen führt zu einer Verstärkung ihres Gehaltes. Es entsteht so etwas wie ein exemplarischer Kontrast. Geltungssucht, Arroganz und Scheinheiligkeit sind in den von Jesus angeführten Beispielen unübersehbar. Offensichtlich verstehen die von Jesus karikierten Schriftgelehrten ihre Frömmigkeit und Gebotserfüllung als eine besondere Leistung, auf die sie stolz sein können und die besondere Anerkennung verdient. Religion aber ist nicht menschliche Leistung, sondern Antwort auf Gottes Zuwendung und Liebe (vgl. 31. So.). Besonders grotesk wird dieses Missverständnis von Frömmigkeit dort, wo im Namen der Religion Arme und Schutzbedürftige, wie etwa Witwen, die keinen haben, der für sie sorgt, ausgenutzt und ausgebeutet werden. Die heftige Kritik Jesu wirkt wie eine Illustration, die zeigt, dass Gottes- und Nächstenliebe nicht auseinander gerissen werden dürfen. Die Frage, wie Jesus so genau wissen kann, wer wie viel in den Opferstock hineinwirft, stellt Markus ebenso wenig wie die, woher Jesus weiß, dass die zwei kleinen Münzen der ganze Lebensunterhalt der Witwe sind. Ihm kommt es auf das Exemplarische dieser Geschichte an.	Bei Religion und Frömmigkeit denkt man auch heute leicht an Verdienst und Leistung. Wie sehen Sie das? ❶ Frömmigkeit scheint vor Heuchelei und Arroganz nicht gefeit zu sein. Was können die Gründe dafür sein? ❶ + ❷ Religion, die sich gegen die Menschen wendet. Wie kommt es dazu? Kennen Sie Beispiele? ❶ + ❸

32. Sonntag im Jahreskreis B

Evangelium: Mk 12,38-44

43 Er rief seine Jünger zu sich und sagte: Amen, ich sage euch: Diese arme Witwe hat mehr in den Opferkasten hineingeworfen als alle andern.
44 Denn sie alle haben nur etwas von ihrem Überfluss hergegeben, diese Frau aber, die kaum das Nötigste zum Leben hat, sie hat alles gegeben, was sie besaß, ihren ganzen Lebensunterhalt.

Texterschließung

Was Jesus seinen Jüngern anhand dieser Geschichte zeigen will, ist wohl nicht nur die Erkenntnis, dass auch eine kleine Gabe groß sein kann und eine große Gabe klein, je nach Vermögen der Gebenden. Vielmehr ist ihm wichtig, dass da jemand alles gibt, ohne Einschränkung und ohne Angst. Die Gabe der Witwe zeigt ihr Vertrauen auf Gott, dem sie verdankt, was sie ist und hat. Ihm, der ihr alles schenkt, schenkt sie sich hin. Darauf kommt es an.

Gesprächsimpulse

Was verdanken wir Gott? Was schenkt er uns? ❷ + ❸

Jesus stellt die Witwe als Beispiel vor. In welcher Weise ist sie das für Sie? ❷

Kernaussagen der Lesungen

1. Lesung: 1 Kön 17,10-16

In diesem Schrifttext wird uns vom Propheten Elija berichtet, der die Hilfsbereitschaft und Gastfreundschaft der armen Witwe belohnt. Sie kennt den namenlosen Mann nicht, hat keinerlei Sicherheit. Dennoch lässt sie sich auf das Wort ein, der Mehltopf werde nicht leer werden und der Ölkrug nicht versiegen. Kernthema der Erzählung ist der Glaube der Witwe. Sie lernt zu unterscheiden zwischen dem, was vergeht, und dem, was bleibt, und sie weiß, dass Gott sich um sie kümmert.

2. Lesung: Hebr 9,24-28

Mit dem Kommen Jesu Christi und seinem Opfertod hat das Reich Gottes begonnen. Christus hat die Schuld der Welt auf sich genommen und gesühnt. Und er wird kommen, um sein Werk zu vollenden.

Grundgedanken für die Feier des Gottesdienstes

- Jesu Urteil – Unsere Chance.
- Glaube befähigt zum Geben.
- Gott sieht auf das Herz.

- Vertrauen auf Gott trägt.
- „Ganz" Christ sein.

32. Sonntag im Jahreskreis B

	Fundgrube	
• Pantomime: Das Evangelium pantomimisch darstellen: Vom Reichtum abgeben? (Opferstock vor dem Altar) • Gespräch zwischen einer großen und einer kleinen Münze improvisieren • Bilder: – Christus, der Lehrer (PWB) – Bilder zum Kirchenjahr (PWB) – Habdank, In manibus tuis (Dia in: Handbuch zum Lektionar, Bd. 2, Nr. 1)	• Beispiele von unspektakulärem Dienen, z. B. sel. Schwester Euthymia (2001 selig gesprochen) • Geschichten: – Sprechgeschichte: Familien, S. 31 – Ungerechte Aufteilung, Hoffsümmer, Kurzgeschichten I, 237 • Liturgische Elemente, die betont werden können: – Antwortpsalm (vgl. GL 759) – Gabenprozession unter Einbeziehung des Kollektenergebnisses (zuvor Sinn der Kollekte erschließen) – Hochgebet für Messen für bes. Anliegen IV: Jesus, der Bruder aller	• Gesänge: GL 462 Zu dir, o Gott GL 621 Ich steh vor dir mit leeren Händen GL 618 Brich dem Hungrigen Hall 65 Wo Menschen sich vergessen Hall 68 Suchen und fragen Hall 73 Wenn das Brot, das wir teilen S 356 Wenn wir das Leben teilen S 253 Ubi caritas et amor T 54 Gott aller Liebe T 60 O Christe Domine Jesu

33. Sonntag im Jahreskreis B

Evangelium: Mk 13,24-32	Texterschließung	Gesprächsimpulse
In jener Zeit sprach Jesus zu seinen Jüngern: 24 In jenen Tagen, nach der großen Not, wird sich die Sonne verfinstern und der Mond wird nicht mehr scheinen; 25 die Sterne werden vom Himmel fallen und die Kräfte des Himmels werden erschüttert werden. 26 Dann wird man den Menschensohn mit großer Macht und Herrlichkeit auf den Wolken kommen sehen. 27 Und er wird die Engel aussenden und die von ihm Auserwählten aus allen vier Windrichtungen zusammenführen, vom Ende der Erde bis zum Ende des Himmels. 28 Lernt etwas aus dem Vergleich mit dem Feigenbaum! Sobald seine Zweige saftig werden und Blätter	Im 13. Kapitel seines Evangeliums greift Markus das Stilmittel der Apokalyptik auf. Das heißt, er redet vom Ende der Welt und den Schrecken, die diesem Ende vorausgehen, um seinen bedrängten Lesern Trost zu geben und Mut zuzusprechen. Die grundlegende Logik solcher Texte ist klar: Schrecken und Unheil, die einem zu schaffen machen, werden ein Ende haben. Trotz gegenteiligen Anscheins läuft die Welt nicht auf eine Katastrophe zu, sondern geht der Vollendung und Neuschöpfung durch Gott/Christus entgegen. Zwei Akzente kennzeichnen die Markusapokalypse: 1. Mit der Zerstörung Jerusalems ist die Endzeit schon angebrochen, so dass die Welt schon heute ihrer Vollendung entgegengeht. 2. Das kommende Heil ist unlöslich mit der Person Jesu verbunden, dem Retter und Erlöser (wie die Adventszeit weiter entfaltet, die am folgenden Sonntag beginnt).

In diesen Versen wird die Grundstruktur der Apokalyptik besonders deutlich: Die große Not wird nicht verschwiegen, aber es geht um das, was danach kommt; die Erschütterung des Kosmos ist nur der Hintergrund für das Kommen des Menschensohnes, der endgültig Gottes Reich der Gerechtigkeit und Liebe aufrichtet. Am Ende gehen wir dem entgegen, der sein Leben für uns hingegeben hat!

Niemand von denen, die ihm vertrauen, wird vergessen. Er wird sie alle sammeln und retten. Das ist Trost gerade für jene, die sich als versprengtes Häuflein erleben und im Stillen und Verborgenen leben und wirken. Das Gleichnis vom Feigenbaum zeigt: Schon jetzt wächst die künftige, süße Frucht heran, auch wenn von ihr selbst noch kaum etwas zu sehen ist. Die ersehnte Herrschaft Jesu ist schon im Kommen. | Welche Zukunftsbilder, Zukunftshoffnungen, Zukunftsängste begegnen uns heute in der Gesellschaft, in der Kirche? ❶

Was lässt sich aus biblischer Sicht dazu sagen? ❷

Wo entdecken Sie Spuren vom beginnenden Reich Gottes? ❷ |

33. Sonntag im Jahreskreis B

Evangelium: Mk 13,24-32	Texterschließung	Gesprächsimpulse
treiben, wisst ihr, dass der Sommer nahe ist. 29 Genauso sollt ihr erkennen, wenn ihr all das geschehen seht, dass das Ende vor der Tür steht. 30 Amen, ich sage euch: Diese Generation wird nicht vergehen, bis das alles eintrifft. 31 Himmel und Erde werden vergehen, aber meine Worte werden nicht vergehen. 32 Doch jenen Tag und jene Stunde kennt niemand, auch nicht die Engel im Himmel, nicht einmal der Sohn, sondern nur der Vater.	In winterlichen Zeiten gilt es, das ermutigende Saftigwerden der Zweige und das Treiben der Blätter wahrzunehmen, um zuversichtlich dem Kommenden entgegenzugehen. Noch einmal macht Markus deutlich, wer und was verlässlich ist in Zeiten des Umbruchs und der Not: Jesus und sein Wort. Der Hinweis darauf, dass ein solch personales Geschehen sich nicht errechnen oder berechnen lässt, ergibt sich aus dem Gesagten wie von selbst und schließt das Sonntagsevangelium ab.	Wie wird erfahrbar, dass wir auf dem Weg in Gottes Zukunft sind? ❷ + ❸ Wenn die Person Jesu, sein Kommen und sein Wort die Zukunft bestimmen, müsste das doch Auswirkungen haben! ❸

Kernaussagen der Lesungen

1. Lesung: Dan 12,1-3	2. Lesung: Hebr 10,11-14.18
Im Buch Daniel wird versucht, eine Antwort auf die Frage zu geben, ob mit dem Tod alles aus sei? Die tröstliche Antwort lautet: Am Ende werden die Toten auferweckt. Sie werden im letzten Gericht endgültig gerichtet. Gott wird sich als der Herr der Geschichte erweisen. Während die Bösen bestraft werden, werden die Gerechten belohnt. Sie empfangen ewiges Leben und bekommen Anteil an der Herrlichkeit Gottes.	Durch Christi Tod und Auferstehung dürfen wir auf die Vollendung unseres Daseins hoffen, bis an das Ziel, zu dem er uns vorausgegangen ist.

Grundgedanken für die Feier des Gottesdienstes

- Gott geht mit uns.
- Mut zum Leben.

- Gott vollendet durch Jesus Christus sein Werk an uns.
- Christus wird wiederkommen.

33. Sonntag im Jahreskreis B

- Symbole/Zeichen:
  Blütenzweige
- Bilder:
  - Steigerwald-Plastiken (Karten, Poster, Dias); insbes. Dia der Plastik „Vertrauen" (in Handbuch 2)
  - Christus als Pantokrator oder Weltenrichter
  - Anastasis-Ikone (z. B. aus St. Petersburg; als Gebetsbildchen erhältlich beim Deutschen Liturgischen Institut, Best.-Nr. 1042)
  - Himmelfahrtsdarstellungen
  - Misereor Hungertuch von 1998 (Diaserie, Motiv Nr. 9)
  - Misereor Hungertuch von 2000 (Diaserie, Motiv Nr. 5)

- Collagen:
  - Unsere Zukunft
  - Falsche Wege gehen
  - Umweltprobleme
  - Falsche Vorbilder

- Liturgische Elemente, die betont werden können:
  - hervorhebende Zeichen beim Evangelium (vgl. Mk 13,31)
  - Fürbitten nach GL 563
  - Hochgebet: Sanctus, Akklamation nach der Wandlung, Amen singen
  - Christus-Rufe nach der Kommunion (GL 564,3 und 5)

- Gesänge:
  - GL 275 König ist der Herr
  - GL 565 Komm, Herr Jesus
  - GL 568 Komm, Herr Jesu
  - Hall 76-86 Lieder des Vertrauens:
  - Hall 71 Wir gehen aufeinander zu
  - Hall 122 Friede und Licht
  - S 139 Wie ein Vogel im Nest
  - S 281 Menschen auf dem Weg
  - T 37 Jesus, remember me
  - T 100 Du Licht, das in uns scheint
  - T 126 Jesus Redemptor omnium

Literatur- und Abkürzungsverzeichnis

Behnke	M. A. Behnke, M. Bruns, M. Lorentz, R. Ludwig, Kinder feiern mit. Lesejahr B, Hildesheim: Bernward-Verlag 1993.
Bilder der Kunst	G. Lange (Hrsg.). Bilder der Kunst zur Bibel. Eine Diaserie mit 48 Motiven aus der christl. Tradition, München: Kösel 1980 (enthält Motive aus der Schulbibel für 10–14jährige, hrsg. von der DBK)
Bilder z. AT	Bilder zum Alten/Neuen Testament. Je 56 Farbdias, Ostfildern: Schwabenverlag
Bilder z. NT	o. J. (Diaserie zu: Die Bibel. Mit Bildern von Sieger Köder – kommentierte Wiedergabe der Bilder auch in: Die Bilder der Bibel von Sieger Köder, Hrsg. von G. Widmann, Ostfildern: Schwabenverlag ^{3}1997)
Dt. Lit. Inst.	Deutsches Liturgisches Institut, Postfach 2628, D-54216 Trier
EG	Evangelisches Gesangbuch. Ausgabe für die Ev. Kirche im Rheinland u. a. Gütersloh: Gütersloher Verlagshaus 1996
Erdentöne	Erdentöne Himmelsklang. Neue geistliche Lieder. Hrsg. v. der Diözese Rottenburg-Stuttgart. Ostfildern: Schwabenverlag 1995.
Familien	Bistum Essen (Hrsg.), Familien feiern Gottesdienst. Material für die Werkstatt von Liturgieteams, Essen: 1994
GL	Gotteslob. Katholisches Gebet- und Gesangbuch für das Bistum Essen. Bochum: Kamp-Verlag 1975.
Hall	Bistum Essen, Halleluja. Lieder auf dem Weg des Glaubens. Essen 1995.
Handbuch	R. Sauer (Hrsg.), Handbuch zum Lektionar für Gottesdienste mit Kindern. Bd. 1 und 2. München: Kösel-Verlag 1981. 1985.
Hoffsümmer, Kurzgeschichten	W. Hoffsümmer, Kurzgeschichten. Bd. I – V. Mainz: Matthias-Grünewald-Verlag 1981-1994.
kfd	Frauen auf dem Weg. Neue geistliche Lieder. Liederbuch der kfd. Düsseldorf: Klens-Verlag 1994.
König	H. König, K. H. König, K. J. Klöckner, Ich bin bei euch alle Tage. Werkbuch zur Vorbereitung auf Buße und Beichte, München: Kösel-Verlag 1997
Kommt und seht	„Kommt und seht", 49 Wandbilder: Stationen des Lebensweges Jesu (aus dem Egbert Codex), 95 x 67 cm, hrsg. vom Informationszentrum Berufe der Kirche, Freiburg 1983 (leider vergriffen, aber in der Pfarrgemeinde vielleicht vorhanden). – Noch erhältlich: das dazugehörige Bild-Text-Buch „Ich rufe dich bei deinem Namen". Der Lebensweg Jesu: Sieben mal sieben Stationen in Wort und Bild, Freiburg: Zentrum für Berufungspastoral 1983
Laarmann	H. Laarmann, Mit Märchen und ihren Sinnbildern. Neue Familiengottesdienste, Freiburg: Verlag Herder 1987
S	Du wirst ein Segen sein. Neue Lieder für Gottesdienst und Gemeinde, Verlag Haus der Stille, A – Heiligenkreuz a.W., 4. Aufl. 1999. Anschrift: Haus der Stille, A – 8081 Rosental 50
Schnegg	M. Schnegg, Wir spielen und feiern. 83 neue Spielmodelle, Freiburg: Verlag Herder 1984
Seht das Wort	Bistum Essen (Hrsg.), Seht das Wort! – Medien und Materialien zum Goldenen Evangeliar aus Echternach für Unterricht und Katechese, Essen 1998
Spendel	St. Spendel, Leben und Freude durch Gottes Wort. Gottesdienste für Familien. Lesejahr B, Regensburg: Verlag F. Pustet 1984.
Steiger	Ivan Steiger sieht die Bibel, Stuttgart: Deutsche Bibelgesellschaft/Verlag Kath. Bibelwerk 1989
T	Die Gesänge aus Taizé. Neuausgabe. Freiburg: Verlag Herder 2000
Unterwegs	Unterwegs. Lieder und Gebete. Hrsg.: Allgemeiner Cäcilienverband für Deutschland, Deutsches Liturgisches Institut, Zentralkomitee der deutschen Katholiken im Auftrag der Liturgie-Kommission der Deutschen Bischofskonferenz. Trier 1994.
WortBilder	Bistum Essen, WortBilder. Radierungen zur Bibel von Thomas Zacharias. Bilder und Materialien für Katechese und Unterricht. Essen 1995.
W. Willms	W. Willms, roter faden glück. lichtblicke, Kevelaer: Butzon & Bercker ^{5}1988
Zacharias, Farbholzschnitte	F. Doedens, G. Lange, Th. Zacharias, Farbholzschnitte zur Bibel von Th. Zacharias, München: Kösel-Verlag 1973; Beiheft mit Dias
ZfB	Zentrum für Berufungspastoral: Schoferstr. 1, 79098 Freiburg, T.: (0761) 3 89 06-60; dort erfahren Sie die Adresse Ihrer Diözesanstelle vor Ort.

Mitarbeiterinnen und Mitarbeiter

Dieter Eissing: Liturgiereferent des Bistums Essen

Dr. Winfried Haunerland: Professor für Liturgiewissenschaft und Sakramententheologie an der Bayerischen Julius-Maximilians-Universität Würzburg; Dozent für Liturgik am Priesterseminar in Bochum-Querenburg

Dr. Peter Hoffmann: Pfarrer im Bistum Essen

Dr. Maria Petermeier: Bezirksreferentin für Religionspädagogik an Haupt-, Real- und Sonderschulen in Bochum; Leiterin eines Vorbereitungskreises für Familiengottesdienste

Leonhard Pilorz: Pfarrer im Bistum Essen

Maria Schmidt: Grundschullehrerin; Geistliche Begleiterin für die kfd im Dekanat Essen-Werden

Burkhard Schönwälder: Diözesanreferent im Seelsorgeamt Essen; Diözesanleiter des Katholischen Bibelwerks im Bistum Essen

Die Deutsche Bibliothek – CIP-Einheitsaufnahme

Ein Titeldatensatz für diese Publikation ist bei
Der Deutschen Bibliothek erhältlich.

Alle Bibeltexte sind entnommen aus:
Einheitsübersetzung der Heiligen Schrift
© 1980 Katholische Bibelanstalt, Stuttgart

ISBN 3-460-25402-5
Alle Rechte vorbehalten
© Verlag Katholisches Bibelwerk GmbH, Stuttgart
Umschlag: Finken & Bumiller, Stuttgart
Satz: Rund ums Buch – Rudi Kern, Kirchheim/Teck
Druck: J. F. Steinkopf-Druck, Stuttgart